Principes de la mélodie

*Musiques populaires, philosophie,
et contre-cultures*

Univers Musical
Collection dirigée par Anne-Marie Green

La collection *Univers Musical* est créée pour donner la parole à tous ceux qui produisent des études tant d'analyse que de synthèse concernant le domaine musical.

Son ambition est de proposer un panorama de la recherche actuelle et de promouvoir une ouverture musicologique nécessaire pour maintenir en éveil la réflexion sur l'ensemble des faits musicaux contemporains ou historiquement marqués.

Déjà parus

Claude ROLE, *François-Joseph Gossec, Un musicien à Paris, de l'Ancien Régime au roi Charles X*, 2015.
Michel BOSC, *Jill Feldman, soprano incandescente. Bien au-delà du baroque*, 2015.
Dominique SALINI, *Les pouvoirs de la musique, Du diabolus in musica au showbiz traditionnel : la Corse, un laboratoire exemplaire*, 2014.
Philippe MALHAIRE, *Émile Goué (1904-1946). Chaînon manquant de la musique française*, 2014.
Franck JEDRZEJEWSKI, *Dictionnaire des musiques microtonales - 1892-2013 (Nouvelle édition revue et augmentée)*, 2014.
Roland GUILLON, *Jazz et créativité. Au fil des sessions*, 2014.
Johanna COPANS, *Le paysage des chansons de Renaud*, 2014.
Paul-Marie GRINEVALD, *Guillaume-André Villoteau (1759-1839). Ethnomusicographe de l'Egypte*, 2014.
Liliana-Isabela APOSTU, *La violonistique populaire roumaine dans les œuvres de Béla Bartok et de Georges Enescu*, 2014.
Antoine JANOT, *Le cinéma est-il devenu muet ?*, 2014.
Philippe GODEFROID, *Wagner et le juif errant : une hontologie. Qu'est-ce qui est allemand ? — donner la mort*, 2014.
Angéline YÉGNAN-TOURÉ G., *Le Gbofé d'Afounkaha. Une forme d'expression musicale de Côte d'Ivoire*, 2013.
Claudie RICAUD, *Francis Thomé, compositeur créole*, 2013.
Dominique ARBEY, *Francis Poulenc et la musique populaire*, 2012
Leiling CHANG, *Dialogues, temps musical, temps social*, 2012.
Françoise ROY-GERBOUD, *Le piano des Lumières, Le Grand Œuvre de Louis-Bertrand Castel*, 2012.

Alain LAMBERT

Principes de la mélodie

*Musiques populaires, philosophie,
et contre-cultures*

Du même auteur

La Pomme photographique
(I comme Image, 2000) avec Thierry Nivaux.
Carnet d'Images
(Dadasco, 2001) avec Dépanne Machine.
En y regardant à trois fois…
(l'Épingle du jeu, 2006) avec Yves Ledent et Patrick Séron.
MATIERE(s)
(Le Chameau, 2007) avec Bernard Louvel.
ABCDER en fatragramme
(Le Chameau, 2008) avec Bernard Louvel.
Art postal : *Le temps retrouvé*
(Normandie Terre des arts 2008) collectif, P.S. Proust.
Caron Ozanne, une expérience d'autogestion en Normandie
(Cahiers du temps, 2009) collectif.
Le Mystère de la boite à visage
(Le Chameau, 2009) avec Bernard Louvel.
Le Roman d'Arthur
(Le Chameau 2010) avec un collectif d'artistes.
Sur le site des mêmes éditions, deux recueils poétiques en ligne:
Babel Babil et ***Solitude des bitumes*** (2009, 2011).
Itinéraire(s)
(L'Epingle du jeu 2011) collectif, Y.Ledent.
Nebula Obscura
(Le Chameau 2012) collectif, B.Louvel.
La Lettre de Sable ou les trois tondus de l'île Pelée
roman, (Isoète 2012).
Art Postal : *Le cheval en toutes lettres*
(Hugo Image 2014) Collectif, P.S. Proust.

© L'Harmattan, 2015
5-7, rue de l'École-Polytechnique, 75005 Paris
www.harmattan.com
diffusion.harmattan@wanadoo.fr
harmattan1@wanadoo.fr
ISBN : 978-2-343-06218-1
EAN : 9782343062181

Avant-propos

Une grande partie de ces textes est parue sur le site Musicologie.org. Ils ont été revus, actualisés, élagués, développés, réorganisés pour cet ouvrage.

Je remercie Jean Marc Warszawski pour l'accueil sur son site ouvert à toutes les musiques. Et tous les lecteurs qui m'ont envoyé leurs remarques, toujours constructives.

On peut survoler les passages *De la nature paradoxale des choses* et *De l'art paradoxal du jardin,* qui ont leur importance esthétique mais ne concernent qu'indirectement le propos musical.

Prélude : La musique de la vie.

Quiconque entend une mélodie l'entend, l'a entendue et s'apprête à l'entendre. Chaque mélodie nous déclare que le passé peut être là sans qu'on s'en souvienne et l'avenir sans qu'on le connaisse à l'avance.[1]

1955, l'année où le film *Graine de violence* fait un tabac sur les écrans de cinéma, et sa bande son sur les tourne-disques d'une nouvelle génération de jeunes américains et européens plongés dans les brumes glacées de la guerre froide. *Rock Around The Clock* de Bill Haley, tout un programme, le cadran de la vie, sur un nouveau support circulaire. Le disque 78 tours est en train de céder la place au 45 tours et au 33 tours.

La naissance officielle du *rock and roll* est datée souvent de juillet 1954, du jour où *That's All Right Mama*, du vieux bluesman noir Walter Crudup, reprise par un jeune chanteur blanc passe sept fois sur la radio WHBQ de Memphis. Une contrebasse, une simple guitare et une voix ni noire ni blanche, ni blues ni country, avec une réverbération due à la position du micro : celle d'Elvis avant qu'il ne devienne le King. Le jeune homme, timide, mort de trouille, a préféré se cacher au fond d'un cinéma plutôt que d'affronter sa voix qui va sortir du poste, une fois, une seule, avant de retourner à l'oubli d'où elle n'aurait jamais dû sortir. On connaît la suite.

En 1970, avoir quinze ans, pour moi en tout cas, c'est découvrir tout d'un coup l'existence de cette musique, comme une révélation sans doute, mais aussi comme l'accès à une culture, nouvelle et réelle, magique et bariolée qui touche les arts plastiques, la BD, la littérature et le cinéma bien sûr. Le festival

---

[1] **Victor Zunkerkandl**, *Sound And Symbol,* 1956, cité par François Gorin dans *Nos Futurs,* Le Mot et le Reste 2014.

de Wight a eu lieu à quelques encablures de Cherbourg où nous habitons et gagnons le lycée sur nos solex cahotants et nos caddy vrombissantes. La classe de seconde enfin, et le début de la mixité, ce n'est pas rien. La politisation contre la guerre du Vietnam, les tracts ronéotés, distribués devant les établissements scolaires et devant l'arsenal, puis les premières manifs écolos contre l'usine de la Hague, avec une bande son qui n'arrête pas de défiler, même si les héros récemment découverts commencent à s'effacer déjà : les Beatles séparés, Hendrix, Janis, Morrison décédés…

Il y a deux clans, alors, les sophistiqués, ceux qui défendent Pink Floyd, et les puristes du rock, qui ne jurent que par Creedence. Ou ceux qui aiment les deux, sans faire de différence. A Cherbourg, petite ville ouvrière au fin fond du Cotentin, des hippies ont ouvert une boutique de fringues, Vertugadin, et une galerie de photos et de tableaux, la Confiance, dans la mouvance pop. Les jeans, on les trouve à la Maison Bleue, et les disques chez Schmidt ou Bourotte, où l'on passe son temps dans les cabines d'écoute, à deux, trois ou quatre, jusqu'à ce qu'on nous vire, pour découvrir toutes ces galettes alors qu'on n'a pas un rond pour les acheter. Mais à nous tous, en allant chez les uns et les autres, on finit par en connaître pas mal. Chez Virginie *Aqualung* de Jethro Tull, chez Paulo, *Who's next*, en alternance avec *Harvest* de Neil Young. Chez Yvon, Crosby Still Nash and Young *Déjà vu*, mais aussi *Electric Ladyland* d'Hendrix. Chez Jean François *La mort d'Orion* de Manset ou *Songs of Love and Hate* de Cohen. Et chez Jean Luc *Salisbury* d' Uriah Heep. Pascale, elle, connaît bien Danny, sa voisine plus âgée, la chanteuse folk qui joue Dylan et le blues dans les petites salles des alentours. Trente kilomètres de solex pour aller l'écouter à Montebourg par un dimanche après midi d'hiver, j'ai bien mérité ma première leçon de guitare : *Mr Tambourine Man* et *Love Minus Zero* du grand Bobby.

Chez moi, Pink Floyd bien sûr, Taste, Clapton, Cream, *Ceremony* de Pierre Henry, *The Court of Crimson King*, *Salty Dog* de Procol Harum, *Tommy* des Who que j'ai échangé contre je ne sais plus quel bouquin, Cat Stevens *Mona Bone Jakon* et une compil de Pentangle, ce groupe anglais jazzy découvert dans les pages musiques d'*Actuel* et qui m'élargira l'oreille au jazz, avec les Soft Machine, Zappa et, plus tard, le Keith Jarrett du *Köln Concert*. Sans oublier le film *Woodstock* à l'Eldorado, un cinéma à la façade arrondie sur la place de la mairie. On y va deux fois pour entendre encore Country Joe épeler le mot FUCK ou Hendrix tisser de napalm et de sirènes alarmantes la bannière étoilée, écorcher l'hymne américain meurtrier, comme un écho lointain, et tout aussi fort, du *Guernica* de Picasso.

Le rock a quinze ans, il s'est approprié toutes les musiques. Pierre Henry, concret et électronique, a travaillé avec Michel Colombier et le groupe anglais Spooky Tooth, Terry Riley le répétitif s'est associé avec John Cale du Velvet Underground proche de Wharol. Miles Davis aussi l'a bien compris en apprivoisant ces nouveaux sons à son tour, pour élargir sa voix cuivrée et trouver une autre voie que celle du free jazz, devenu une musique pour musiciens. Le jazz mettra presque dix ans à s'en remettre.
Le rock, devenu progressif, issu du psychédélique, va brasser toutes ces influences, au point d'arriver à une sophistication extrême. Mais déjà, alors qu'il a tout juste 20 ans, le punk, Cassandre implacable, va lancer son cri de guerre : No Future !

Soixante ans après sa naissance turbulente, une fois surpassé le cap difficile du nouveau millénaire, le rock ne s'est jamais aussi bien porté, du moins économiquement, médiatiquement et culturellement. Les petites salles débordent de nouveaux talents et les grandes salles voient se reformer et se succéder les groupes mythiques survivants (« juke box » que ne veut pas être Robert Plant, l'ancien chanteur de Led Zep, qui lui continue d'avancer). Métissé de toutes les façons possibles et coulé dans toutes les langues, il est devenu une culture commune aux jeunes et à leurs parents, ou leurs grands parents, encore jeunots en 1955. Comme le jazz par certains côtés, qui se l'approprie à son tour, et de façon différente aussi, par ses dimensions vocale et instrumentale indissociables.

Tous deux, d'un point de vue quasi médiologique, sont nés de l'enregistrement phonographique et constituent une nouvelle tradition orale, postérieure à l'écrit. C'est cette culture plus particulièrement qu'il s'agit d'interroger, au sein de la diversité des musiques, avec quelques détours philosophiques, pour essayer de comprendre comment la musique a compté pour nos générations, et pas seulement comme un divertissement, mais comme quelque chose qui a participé à nous construire, par sa dimension anthropologique.

Fugue : La musique des oiseaux.

> « Ce qui distingue objectivement un oiseau musicien d'un oiseau non musicien, c'est précisément cette aptitude aux motifs et aux contre-points qui, variables ou même constants [...] en font un style, puisqu'ils articulent le rythme et harmonisent la mélodie. Aucune de ces formules ne comporte le moindre danger d'anthropomorphisme, ou n'implique la moindre interprétation. Ce serait plutôt du géomorphisme. »[2]

Dans ce texte de *Mille plateaux* écrit avec Felix Guattari, Gilles Deleuze, réfère sans doute au texte de pochette du compositeur Olivier Messiaen pour son œuvre *Catalogue d'oiseaux* de 1960 :

> « La nature, les chants d'oiseaux ! Ce sont mes passions. Ce sont aussi mes refuges [...] C'est là que réside pour moi la musique. La musique libre, anonyme, improvisée pour le plaisir [...] et faire avec ses voisins d'habitat de généreux et providentiels contre-points, pour bercer sa fatigue et dire adieu à telle portion de vie quand descend le soir.. »

Ou aux entretiens avec Antoine Goléa en 1958 dans lesquels il définit la « vraie, seule, et véritable musique :

> « Pour moi, la vraie, la seule musique a toujours existé dans les

---

2 Deleuze G., Guattari F., *Mille Plateaux,* Minuit 1980, p.391-392.

bruits de la nature. L'harmonie du vent dans les arbres, le rythme des vagues de la mer, le timbre des gouttes de pluie, des branches cassées, du choc des pierres, des différents cris d'animaux sont pour moi la véritable musique. » [3]

Messiaen explique ensuite tout le travail musical qui, de cet ensemble de bruits et de sons, non seulement les chants retranscrits mais l'environnement, le décor... fera une partition, une œuvre musicale, et plus loin que la musique concrète, à base d'enregistrement de sons, ne s'y limite pas et suppose *de telles transformations et transmutations qu'ils en sont devenus méconnaissables*.

On peut d'ailleurs se demander, si la « vraie » et « seule » musique est si naturelle, pourquoi ne pas l'enregistrer directement, ce que peut tout compositeur à partir de la seconde moitié du XXe, sans transposition ni arrangement, et pourquoi les multiples disques de relaxation et d'environnement sonore naturel ne sont pas considérés comme des œuvres musicales ?

Ces deux textes, celui de Messiaen le catholique fervent, et plus étrangement celui de Deleuze, semblent supposer une harmonie musicale du monde antérieure à toute humanité qui nous conduit à Platon et à l'idée que la « Musique » nous préexiste, et que nous ne faisons que la retrouver ou la réinventer sur le principe de la réminiscence.

Alors que Deleuze lui même, dans son cours de Vincennes du 8 mars 1977 avait bien précisé que :

> « La musique ne reproduit pas le chant des oiseaux, elle produit un chant d'oiseau détérritorialisé [...] Je dis que la musique commence avec le processus de détérritorialisation de la voix. »[4]

Rousseau l'affirmait déjà à sa façon, dans l'*Essai sur l'origine des langues et de la mélodie*, écrit sans doute ou revu vers 1760,

---

[3] Goléa A., *Rencontres avec O. Messiaen*, Slaktine 1984, p.223.
[4] Deleuze G., Cours Vincennes : *sur la musique* du 8 mars 1977 sur le site www.webdeleuze.com.

tout en corrigeant à l'avance et à juste titre l'emploi du mot
« chant » qui suppose l'évolution de la syrinx en larynx et
l'apparition des cordes vocales permettant la voix et le chant
proprement dit :

> « La nature seule engendre peu de sons et [...] à moins qu'on
> admette l'harmonie des sphères célestes, il faut des êtres
> vivants pour la produire [...] les oiseaux sifflent, l'homme seul
> chante, et l'on ne peut entendre ni chant ni symphonie sans se
> dire à l'instant : un autre être sensible est ici. » [5]

Donc la musique commence bien après l'oiseau, avec la voix,
sans doute humaine, et il ne peut y avoir d'« oiseau musicien »
sans anthropomorphisme justement, même si, comme le montre
Jean Dorst, certains individualisent un tant soit peu le chant
spécifique de l'espèce pour pouvoir être aussi reconnus comme
individus au sein d'un groupe possédant les mêmes signaux
sonores.
Car que peut bien penser l'ornithologue justement ?
Dans *Les oiseaux ne sont pas tombés du ciel*, Jean Dorst résume
assez bien pour le profane l'ensemble des découvertes de
l'ornithologie, et consacre un chapitre aux cris et aux chants des
oiseaux en montrant comment chaque espèce, surtout chez les
passereaux, possède sa mélodie propre, qu'il appelle aussi
chant de l'espèce. Chaque individu naît donc avec les atouts
biologiques pour acquérir le chant de son espèce qu'il apprend
durant l'automne en écoutant les adultes et pourra perfectionner
au printemps suivant, au milieu des autres de la même espèce,
les copiant, mais pas seulement.

> « Chaque oiseau interprète la mélodie de son espèce en y
> introduisant des variantes, certes mineures mais néanmoins
> perceptibles... il omet une note, un motif, ou modifie le tempo,
> ce qui permet sans doute une reconnaissance individuelle. »[6]

---

5 Rousseau J.J., *Ecrits sur la musique*, Stock 1979, p.237-238.
6 Dorst J., *Les oiseaux ne sont pas tombés du ciel*, Ed. De Monza 2001, p.141.

Cela vaut aussi pour les oiseaux crieurs, ou frappeurs dont les cris ou les bruits ont le même rôle, délimiter un territoire et attirer un partenaire. Reste aussi le cas des oiseaux imitateurs qui savent reproduire avec exactitudes les chants des autres espèces ou les bruits naturels et parfois artificiels de manière très précise en les intégrant tels quels à leur propre chant, sans transposition ni harmonisation ni improvisation. L'auteur n'utilise que de manière imagée les mots *musique, chant, mélodie* ou *symphonie*, qui semblent bien relever de l'anthropomorphisme dans un univers sonore limité à la répétition et à l'imitation, même si de légères variantes individuelles sont perceptibles, et si leurs sons comportent déjà les harmoniques qui vont donner *le timbre du chant*.

Qu'en est-il alors de la musique vraie, libre, anonyme, improvisée ou des mélodies harmonisées qui définissent effectivement l'activité musicale telle que nous l'attribuons à l'humain ?

Dans une perspective évolutionniste telle qu'a pu la développer Karl Popper, l'humanité première a baigné dans la « *musique des forêts* », les « *symphonies de cris et de chants* », pour reprendre les formules de Jean Dorst. Cet univers sonore préexistant n'est pas pour rien dans l'apparition et l'évolution (créatrice) des musiques humaines.

Tout comme les facultés de langage, de conscience et d'intelligence des animaux les plus évolués permettent de comprendre l'origine des dites facultés humaines, ensuite développées par plusieurs siècles d'évolution spécifique, de découvertes et d'éducation (en particulier de l'oreille). Ce que Popper explique, par exemple dans *La quête inachevée,* par les quatre fonctions du langage : l'expressive et la communicative, toutes deux communes à l'humain et à l'animal évolué et socialisé. Et deux autres spécifiques à l'homme, d'abord la descriptive puis l'argumentative, apparue vers le VIe siècle avant JC en Grèce, quand les hommes vont commencer à se poser la question du vrai et du faux quant aux descriptions mythiques, qu'ils avaient acceptés jusqu'ici sans pouvoir en discuter. Avant l'ébauche de démocratisation de la cité athénienne et l'apparition des maîtres de sagesse, les sophistes et autres philosophes de la nature, nécessaires pour éduquer les nouveaux citoyens à le vie publique et politique.

De même la musique humaine a pour spécificité d'abord de transposer et non d'imiter, car elle n'en a pas la possibilité physique avant les machines synthétiques (selon Dorst, des fréquences entre 80 et 400 vibrations pour le commun des humains et entre 1000 et 11000 vibrations pour certaines espèces d'oiseaux !). Elle a acquis la connaissance des harmoniques et des intervalles naturels pour produire une science harmonique qui va permettre un dépassement des traditions musicales liées à des territoires et des cultures. Elle a constitué une écriture universelle, ou presque, qui a permis une complexification des gammes et des modes, des mélodies et des formes musicales, puis l'évolution et la diversité des cultures musicales d'aujourd'hui.

Transposition, acclimatation, imagination, improvisation, toute une diversité et une richesse d'univers musicaux en provenance de toutes les humanités possibles. Et pas de mélodie de l'espèce au sens où Dorst l'entend, spécifique à un seule groupe. Quand une communauté ou une tribu veut se construire une musique, n'importe qui ensuite peut se l'approprier par la radio ou le disque et l'adapter comme il veut. Quand deux communautés antagonistes veulent se rencontrer, elles peuvent métisser leurs mélodies, jouer classique, improviser jazz ou chanter folk ou rock.

Une esthétique qui provient peut-être de la complexité même de la nature humaine telle que Rousseau la précise au tout début de son *Discours sur l'inégalité* où les premiers hommes, au milieu des animaux :

> « observent, imitent leur industrie, et s'élèvent ainsi jusqu'à l'instinct des bêtes, avec cet avantage que chaque espèce n'a que le sien propre, et que l'homme n'en ayant peut être aucun qui lui appartienne, se les approprie tous, se nourrit également

de la plupart des aliments divers que les animaux se partagent, et trouve par conséquent sa subsistance plus aisément que ne peut faire aucun d'eux. » [7]

D'où le concept de perfectibilité: *faculté qui à l'aide des circonstances développe successivement toutes les autres*[8], qui, chez Rousseau semble fonctionner, on va le voir plus loin, comme concept philosophique synonyme de celui de mélodie dans ses textes sur la musique.

Une pensée de la nature et de la musique à éclairer en essayant d'abord d'en prolonger aujourd'hui les intuitions philosophiques, dans un univers où la musique écrite ne prédomine plus sur les musiques populaires, improvisées ou non écrites, dont l'écoute et la transmission a été rendue possible par le disque depuis plus d'un siècle, la chanson populaire, le blues et le jazz aussi, à l'ère du gramophone et du 78t, et le rock ensuite, à l'ère des 33 ou 45t, et de la bande magnétique. Ce qui aurait sans doute bien intéressé ce philosophe musicien, qui se disait « né pour la musique ».

---

7 Rousseau J.J., *Discours sur l'origine et les fondements de l'inégalité parmi les hommes,* Garnier Flammarion 2008, p.70.
8 Rousseau J.J., *ibid.,* p.79.

Chapitre 1
Rousseau, le concept de mélodie.

Sa pensée de la nature, si l'on tient compte à la fois de sa dimension musicale, philosophique et littéraire, s'avère d'une grande complexité et doit être examinée dans ces trois registres simultanément, pour éviter les lectures réductrices, trop spécifiquement littéraires ou philosophiques. L'éclectisme même des curiosités du jeune Rousseau, autodidacte mêlant musique, latin, droit, philosophie, géographie, géométrie... l'a conduit d'abord à la musique, puis à la philosophie, avant qu'il ne se réfugie dans la littérature.

Un des aspects de son œuvre, toujours peu connu aujourd'hui, est un petit opéra à l'italienne, le *Devin du village*[9]. Sur le site *césar, calendrier électronique des spectacles sous l'ancien régime et la révolution*, on s'aperçoit qu'il a été joué deux fois en 1752 à Fontainebleau, jamais à Versailles, puis à l'Opéra l'année suivante, où il participa à la querelle des bouffons. Rarement à Paris ensuite, une fois en 1762, une fois en 1777 et deux fois en 1778. Plutôt en province, souvent à Toulouse - à Caen en janvier 1786 et en décembre 1791 - et souvent à Bruxelles. Enfin, début 1789, à Paris dès janvier une quinzaine de fois, pour y rester à l'affiche jusqu'à la fin de la révolution, avec plusieurs dizaines de représentations à partir de 1791.

Cet intermède musical, sans doute mineur, prouve un vrai rapport à la musique, de la *Lettre sur la musique française* jusque dans l'*Essai sur l'origine des langues*, du *Dictionnaire de musique* jusqu'aux *Dialogues*. Plus qu'une simple lubie sans compétence et sans importance, c'est la mise en place, à la fin de l'Ancien Régime, d'un nouveau paradigme musical et philosophique, celui de la mélodie, lié à celui de la perfectibilité

---

9   Disponible en cédé chez EMI 2002 et chez CPO 2007.

et pourquoi pas à celui de la liberté.

Dans le *Devin*, les divinités antiques et les nobles figures tragiques ont déserté la scène de l'Opéra pour céder la place à de simples villageois et les lourdes harmonies de l'Olympe, dénoncées chez Rameau, sont devenues plus légères et plus sensibles sur cette place de village. Mais surtout, on y trouve la réalisation pratique, dans le duo, de ses écrits sur la musique : le récitatif s'est essayé à être « déclaration harmonieuse », selon le principe d'unité de la mélodie que Rousseau défendra pendant trente cinq ans, contre les duos de la musique française :

> « car rien n'est moins naturel que de voir deux personnes se parler à la fois durant un certain temps, soit pour dire la même chose, soit pour se contredire, sans jamais s'écouter ni se répondre. »[10]

Il faut traiter le duo comme un dialogue en alternant le chant comme une seule mélodie qui passe d'un chanteur à l'autre.
Il n'est donc pas simplement anecdotique que pour son premier opéra, *Bastien et Bastienne*, écrit à l'âge de douze ans, Mozart se soit inspiré indirectement du *Devin* dont il continuera plus tard la technique du dialogue chanté. Ce principe, mis en œuvre dès le duo du *Devin*, influa, y compris et surtout dans la rencontre avec Gluck, sur l'évolution esthétique de l'opéra, mais aussi sur la pensée « mélodique », faite de « variations », de son auteur.

Du rousseauisme naïf.

Revenons d'abord sur la bonté naturelle de l'homme, indissociable de l'harmonie naturelle, qui sont les deux lieux communs les plus répandus du rousseauisme naïf.

A aucun moment de ses textes philosophiques, il ne dit que les hommes, à l'état de nature, sont naturellement méchants. *Plutôt*

---

10 Rousseau J.J., *Ecrits sur la musique*, op.cit., p. 291.

farouches que méchants[11], écrit-il dans *Le discours sur l'origine de l'inégalité*. Cette férocité naturelle, que la société peut très bien accentuer ou modérer, selon que l'homme obéit aux hommes ou aux lois, ne sera plus du même ordre, puisque l'animal, selon le *Contrat social*, aura évolué en homme, *soit en bien, soit en mal* selon une formule ignorée, à tort, par le rousseauisme naïf.

Quant à l'autre lieu commun, l'harmonie naturelle, il relève de la même lecture littéraire et littérale, et non forcément musicale, d'un passage des *Rêveries du promeneur solitaire* :

> « Rien n'est si triste que l'aspect d'une campagne nue et pelée qui n'étale aux yeux que des pierres, du limon et des sables. Mais vivifiée par la nature et revêtue de sa robe de noces au milieu du cours des eaux et du chant des oiseaux, la terre offre à l'homme dans l'harmonie des trois règnes un spectacle plein de vie, d'intérêt et de charme, le seul spectacle au monde dont ses yeux et son cœur ne se lassent jamais. »[12]

A la fin de cette septième promenade, qui pourrait rappeler Messiaen, alors qu'il herborise dans la montagne suisse, se croyant seul et laissant son imagination vagabonder, un bruit humain le ramène à la réalité, d'abord avec plaisir, puis avec *un sentiment douloureux plus durable, comme ne pouvant plus dans les antres mêmes des Alpes échapper aux cruelles mains des hommes acharnés à me tourmenter.*

S'il décrit un monde d'harmonie végétale rendu paisible par l'absence des autres, c'est sans doute par suite de son exclusion du monde des hommes qui, même s'il l'amplifie par la puissance de son imagination, n'en repose pas moins sur une réalité que le libelle anonyme de Voltaire, *Le sentiment des citoyens* résume assez bien, le désignant comme :

---

11 Rousseau J.J., *Discours sur l'origine et les fondements de l'inégalité parmi les hommes,* Garnier Flammarion 2008, p.99.
12 Rousseau J.J., *Rêveries du promeneur solitaire,* Livre de Poche 2001, p.134.

> « l'auteur d'un opéra et de deux comédies sifflées : veut-il que nous nous égorgions parce qu'on a brûlé un mauvais livre [*Le contrat social*] à Paris et à Genève [...] Il faut lui apprendre que si on châtie légèrement un romancier impie, on punit capitalement un vil séditieux.» [13]

Punir capitalement ? Rien que ça ! La brouille avec Voltaire dépasse la simple anecdote. En effet, ce libelle est significatif de ce que pensent les citoyens privilégiés de la République de Genève, les tenants de l'ordre établi en France, ou les intellectuels prônant le despotisme éclairé et avides de l'argent que leur rapporte l'éclairage des princes des Lumières : un marginal se méfiant du progrès, qui a refusé la pension du roi (première brouille avec Diderot qui ne fera qu'empirer) et vendu son *Contrat social* à la page, au prix d'une copie de page de musique, à un éditeur inquiet suite au succès récent de *la Nouvelle Héloïse*.
C'est dans cet état d'esprit particulier que les *végétaux attestent la pureté de la nature... comme si l'innocence végétale avait le pouvoir d'innocenter le contemplateur* selon Jean Starobinski[14].

De la musique et de l'harmonie.

Essayons d'approfondir la description de cette pensée musicale, où mélodie et harmonie sont autant des concepts philosophiques que musicaux ; puis celle de la nature, par le biais du jardin, pour décider s'il s'agit bien d'une mystique botanique et harmonique semblant vouloir exclure l'homme de la nature, et si se vérifie une telle conception de l'humain chez Rousseau. Alors que, selon le *Discours sur l'inégalité* :

> « Dès qu'on s'aperçut qu'il était utile à un seul d'avoir des provisions pour deux, l'égalité disparut, la propriété s'introduisit, le travail devint nécessaire et les vastes forêts se changèrent en campagnes riantes qu'il fallut arroser de la

---
13 Cité par Jean Guéhenno dans *Jean-Jacques*, Gallimard 1962, p.135.
14 Starobinski J., *La transparence et l'obstacle*, Gallimard Tel 1971, p.294.

sueur des hommes, et dans lesquelles on vit bientôt l'esclavage et la misère germer et croître avec les moissons. »[15]

En effet si le passage à l'homme social a pour conséquence, dans un premier temps, la propriété, l'esclavage, l'inégalité et la misère, le déboisement qui l'accompagne ne semble pas si catastrophique pour la nature devenue campagne riante.

Pour Jean Brun, la musique, autrefois harmonie, permettait une compréhension de notre rapport au monde, *ce grand vivant qu'était l'univers.*

> « Une telle vision du monde se retrouve dans le leibnizianisme où elle viendra mourir. Les monades étant sans portes ni fenêtres ne sauraient directement communiquer entre elles ; mais elles communient en et par cette Harmonie Préétablie dont elles sont les notes et dont Dieu est le compositeur et le chef d'orchestre. »[16]

Pour lui, la musique est maintenant « engendrée » par un monde replié sur lui même et sourd à l'autre et à l'ailleurs, dans son absence de référence à un modèle transcendant : la « cacophonie », le « rythme cadencé », le « bruitisme », la « musique concrète », la « musique électronique » célèbrent la mort de Dieu de l'art, de l'homme.
La théorie de l'harmonie préétablie du philosophe allemand du XVIIe Leibniz, est ici comprise comme le miroir et le mouroir d'une harmonie perdue ; ce réquisitoire contre la modernité musicale pourrait sembler, de loin, être un « écho » à la rêverie citée plus haut, mais aussi au *Discours sur les sciences et les arts*, première œuvre philosophique du même Rousseau, et critique sans nuance contre le progrès, écrite en 1750 par un musicien encore sous l'influence harmonique de son temps, en particulier celle de Rameau.

Pourtant cette illusion ne tient pas longtemps. En effet, quand le

---

15 Rousseau J.J., *op.cit.*, p.119.
16 Brun J. *Actes du colloque de Dijon, Musique et philosophie*, Vrin 1983.

jeune musicien se découvre philosophe, sa pensée musicale s'en trouve modifiée, évoluant de pair avec le questionnement qui l'habite désormais. D'abord élève appliqué de Jean Philippe Rameau, l'illustre musicien baroque français du XVIIIe, dans son double apprentissage autodidacte de l'harmonie et de la composition, en particulier pour ses nombreux articles sur le musique dans *l'Encyclopédie*, Rousseau raconte dans la *Lettre sur la musique française*, de 1752, que, durant un intermède à l'Opéra, il entendit le jeune enfant d'un artiste italien accompagner au clavecin la musique avec juste deux doigts, en simplifiant les accords à l'unisson.

> « C'est donc un principe certain et fondé dans la nature que toute musique où l'harmonie est scrupuleusement remplie, tout accompagnement où tous les accords sont complets doit faire beaucoup de bruit mais avoir très peu d'expression. » [17]

Leibniz qui, selon Gilles Deleuze représente le mieux le baroque avec Rameau, décrit l'âme déchiffrant son chant sur la tablature gravée en elle du grand livre du monde, parfois dans *les conditions d'un concert où deux monades chantent chacune sa partie sans connaître celle de l'autre ni l'entendre, et pourtant s'accorder parfaitement*[18]. Pas de mélodie improvisée pour les âmes (les monades), mais des chants, « toujours déjà » pré-écrits par Dieu, qu'elles n'ont qu'à déchiffrer sans se préoccuper d'entendre les autres, puisque l'harmonisation en est préétablie. Et c'est bien ce que critique Rousseau dans cette forme de duo : *rien n'est moins naturel que de voir deux personnes se parler à la fois durant un certain temps, soit pour dire la même chose, soit pour se contredire, sans jamais s'écouter ni se répondre.*[19]

On peut écouter, pour le vérifier, l'un des duos de *Platée*, opéra de Rameau de 1745, et comparer avec les duos du même compositeur dès 1753, par exemple *Daphnis et Eglé*, un an

---

17 Rousseau J.J., *Ecrits sur la musique, Op.cit.*, p .298.
18 Deuleuze G., *Le pli, Leibniz et le baroque,* Minuit 1988, p.182.
19 Rousseau J.J., *ibid.,* Siock 1979, p.291.

après la querelle dite des Bouffons, où l'exemple du *Devin du village* de 1752, intermède à l'italienne en français, ne semble pas être resté lettre morte. Évitant les longueurs et les récitatifs inutiles, privilégiant l'ouverture à l'italienne, soignant la mélodie pour redonner au français une chance d'être chantant, travaillant l'art du duo pour faire dialoguer les chanteurs et non les superposer artificiellement, tout y est. Quant aux personnages de la pastorale, pas de princes ni de nobles, mais des villageois et des bergers.

Pour l'argument, c'est quasiment celui du *Devin*, donné exactement un an plus tôt, en octobre 1752, aussi à Fontainebleau. Qui fut un triomphe, avant de jouer son rôle scandaleux de traître à la musique française, comme le racontent *Les Confessions*[20], dans le dernier acte de la querelle des bouffons à sa reprise en mars 1753 à l'Académie royale de musique de Paris.

En quoi Deleuze n'a pas bien compris Rousseau, quand il affirme dans une note du même livre, que le retour de Rousseau à la mélodie est une régression, au sens strictement négatif. Il n'a pas vu qu'ici, la mélodie est, comme le manque d'instinct, la langue de convention ou la perfectibilité, quelque chose de propre à l'homme, qui lui permet de se reconnaître et de s'assumer homme parmi les hommes, justement en dehors de toute harmonie préétablie d'ordre et de droit divin.

La ressemblance lointaine entre le premier *Discours* et celui de Jean Brun référant à Leibniz, s'estompe à ces lectures : la « cacophonie », c'est à dire le « bruit », le « peu d'expression », l'absence de « naturel » semblent bien référer au paradigme de l'harmonie pour Rousseau.

En simplifiant beaucoup, qu'elle soit « intelligible » (Platon), « préétablie » (Leibniz), ou plus tard « main invisible/ruse de la raison » (Adam Smith/Hegel), « toujours déjà » (Heidegger), l'harmonie, musicale ou non, gouverne toutes les actions individuelles ; la liberté n'est qu'apparence et illusion. Ce

---

20 Voir l'entretien avec M Rousseau à la fin du chapitre.

qu'illustrent aussi ces vers de Nietzsche écrits lors d'une promenade dans le sud de la France :

« Ne sommes nous pas tous deux les premiers accords
d'un même sein, l'accord préétabli/d'un même destin éternel ? »[21]

A l'origine de ce paradigme harmonique de la nature, il faut remonter à la Grèce Antique des Ve et IVe siècles avant notre ère, à Pythagore, puis à Platon, pour qui les nombres ont une dimension à la fois rationnelle et supra naturelle. D'où une théorie - où beau, bien et vrai coïncident dans la perfection - de l'harmonie des sphères comprise à la fois comme unique loi de l'univers, de la musique céleste et de sa variante humaine. Bienfaisante pour les âmes et les corps dont l'harmonie est altérée par la maladie ou la passion, la pratique musicale permettait de retrouver l'harmonie inscrite dans leur nature, en préférant la lyre aux accords nobles et calmes, à la flûte mélodique, passionnée et populaire, ce qu'affirme Platon dans *la République*[22] avec ses principes d'éducation du philosophe-roi qui seul peut et doit gouverner harmonieusement la cité idéale, et qui annonce le despotisme éclairé des philosophes des Lumières dans la continuité de ce paradigme de l'harmonie.

De la musique et de la mélodie.

Or, sur la place du *Devin du village*, écrit par Rousseau peu après son premier discours, l'auteur fait danser les villageois sous les ormeaux au son du chalumeau, changement de paradigme oblige. Ainsi, dans le *Dictionnaire de musique*[23], il affirme à l'article « Chant » que celui-ci *ne semble pas naturel à l'homme et que le vrai sauvage*, ne pouvant accéder au langage dans sa solitude, *ne chanta jamais (car) on crie et on se plaint sans chanter ; mais on imite en chantant les cris et les plaintes.*

---

21 Nietzsche F., *Au mistral,* appendice au *Gay Savoir.*
22 Voir plus précisément page 86 le paragraphe consacré à Platon.
23 Consultable sur gallica.bnf, et réédité chez Actes Sud 2008.

Comment un style de chant, le duo par exemple, pourrait-il être
« naturel » comme il l'affirme aussi, à moins d'entendre deux
sens possibles à cet adjectif : le naturel qualifiant l'originel
propre à l'état de nature, et celui désignant une certaine qualité
des rapports de communication entre les hommes respectant
l'égalité naturelle, au premier sens, de l'état de nature, qualité du
dialogue où l'on reconnaît autrui et où on l'entend, avant que
l'orgueil, la possessivité et la domination propres à l'état civil et
social ne viennent gâcher cette qualité antérieure. Il ne s'agit
donc pas d'un naturel caché, intelligible, absolu qu'il faudrait
révéler au delà du monde sensible.

L'article « Baroque » du même *Dictionnaire* confirme cette
humanisation du naturel qui passe par une désacralisation du
paradigme musical : *Une musique baroque[24] est celle dont
l'harmonie est confuse, chargée de modulations et de
dissonances, le chant dur et peu naturel, l'intonation difficile et
le mouvement contraint.*

Par contre, le *chant mélodieux et appréciable n'est qu'une
imitation des accents* est-il écrit à l'article « Chant », et s'il est
bien artificiel par rapport à la naturalité originelle, il est plus
naturel que le chant baroque.

Dès l'instant où, sans doute par une nécessité imprévue, par le
fait d'un accident géologique ou climatique, l'homme quitte sa
solitude forestière, et naturelle, pour s'associer avec autrui, il
laisse libre cours à sa perfectibilité et s'installe dans la culture et
dans l'histoire, dans le langage et dans le chant, ce qui est
développé dans *l'Essai sur l'origine des langues*. Au chapitre
IX, l'auteur met en pratique dans la temporalité historique,
l'hypothèse d'état de nature du second *Discours*.

La crainte des autres, perçus comme ennemis, y amenait les
hommes à s'éviter, et paradoxalement à vivre en paix. Donc,
dans les climats doux et fertiles, l'homme sauvage vit solitaire
sans besoin des autres, ses besoins étant seulement physiques et

---

24 A noter, vers 1767, l'expression *musique baroque* qui ne sera utilisée en
histoire des arts que vers la fin du XIXe. *Le Robert*, deux siècles plus tard,
date le mot, au sens de style, aux alentours de 1900.

réduits à la famille, ce qui limite la langue aux gestes et à quelques sons inarticulés. Mais de multiples bouleversements naturels vont obliger les hommes à se rassembler pour survivre et réguler la nature. Dans les déserts du sud, autour du point d'eau, vont naître les premières passions, amoureuses et voluptueuses, et les premiers chants, langage moral et non calcul rationnel organisant les sons, est-il encore précisé au chapitre XIV :

> « Tous les hommes de l'univers prendront plaisir à écouter de beaux sons ; mais si ce plaisir n'est animé par des inflexions mélodieuses qui leur soient familières, il ne sera pas délicieux, il ne se changera pas en volupté. »[25]

L'harmonie est la science des accords à partir de la connaissance des harmoniques naturelles d'un son, il s'agit donc d'une science physique et mathématique, du corps sonore et du nombre. Elle fait référence selon Rameau, dans *Nouvelles réflexions sur le corps sonore,* aux philosophies de Pythagore et de Platon, à la recherche de la nature intelligible du monde. C'est à cette nature que pense Rameau en affirmant que l'homme qui entend les notes aiguës d'un air peut *naturellement* en chanter les basses.

Mais pour Rousseau, le phénomène est purement culturel, qui ne vaut que pour les oreilles éduquées à l'harmonie, non pour les autres. En effet, chaque son fait naturellement entendre ses propres harmoniques, et accompagner ce son d'un accord n'ajoute rien mais répète une tierce, une quinte ou une quarte déjà présentes dans le son, ce qui ne fait qu'alourdir l'agrément au lieu de le sublimer. Pour Rousseau : *Naturellement il n'y a point d'autre harmonie que l'unisson,* comme il l'écrit juste avant ce passage, pour le redire autrement après sa démonstration. Il s'agit là non de la nature physique et matérielle du monde, mais de la nature morale et psychologique de l'homme.

Déniant alors à la science harmonique toute valeur d'émotion, c'est à dire d'imitation des passions, il donne à la mélodie cette

---
25 Rousseau J.J., *Ecrits sur la musique, op.cit.,* p.227.

qualité deux chapitres auparavant. En effet, *il n'y eut d'abord d'autre musique que la mélodie, ni d'autre mélodie que le son varié de la parole*[26]. C'est pourquoi la mélodie n'imite pas seulement, elle est originellement *l'accent des langues* lié *à certains mouvements de l'âme*, d'où une plus grande force d'émotion que la langue articulée. Si l'harmonie peut rarement concourir à cet effet, elle le contrarie le plus souvent en dissociant encore plus « le chant de la parole », loin de leur union antique, autour des points d'eau des climats méridionaux.

Au chapitre XVI, Rousseau affirme que la musique, par rapport à la peinture, *tient plus de l'art humain*. En effet, *la nature seule engendre peu de sons et... à moins qu'on admette l'harmonie des sphères célestes, il faut des êtres vivants pour la produire*. Et pas n'importe lesquels : *les oiseaux sifflent, l'homme seul chante*[27]. L'harmonie n'est donc pas naturelle, mais une création culturelle de l'homme. Si Rameau réfère à Pythagore qui *appliqua les lois de l'harmonie au mouvement des planètes*, Rousseau, lui, refuse cette référence. La controverse n'est pas seulement esthétique, mais aussi philosophique, et politique.

Rousseau rompt donc avec les deux aspects néo-pythagoriciens du paradigme de l'harmonie baroque, le calcul, modèle de la langue universelle chez Leibniz, et l'harmonie. La mélodie n'est que la transcription des passions humaines qu'expriment par leur chant les hommes, définis spécifiquement par leur perfectibilité, c'est à dire leur capacité à évoluer à partir de rien et d'acquérir et développer toutes leurs capacités et leur imagination, d'où leur capacité à improviser leur propre histoire dans une temporalité non préétablie par une quelconque harmonie. D'où l'impossibilité d'une philosophie de l'histoire au sens prophétique et positif chez Rousseau, car c'est le propre de l'improvisé d'être imprévisible « soit en bien, soit en mal ».

Cette formule répétée dans l'*Essai*, le *Contrat* et l'*Émile*, indice d'une reprise de l'*Essai* pendant leur rédaction entre 1758 et

---

26 Rousseau J.J., op.*cit.*, p.220.
27 Rousseau J.J., *ibid.*, p.238.

1761, permet de proposer des jalons dans la temporalité de la réflexion du philosophe et de mettre en correspondance ses œuvres sans les isoler ni les hiérarchiser. Sans doute contemporain à l'origine du second *Discours* de 1755 dans une première ébauche, ensuite intitulé *Essai sur les principes de la mélodie* selon une note de *l'Émile,* ce texte en est surtout un développement, terminé vers 1761, qui pourrait suivre l'évolution d'une pensée à la fois musicale et théorique où la mélodie doit primer sur l'harmonie.

Le paradigme de la mélodie, du chant et de la perfectibilité, s'il se construit pour Rousseau contre la prépondérance de la raison harmonique, ne refuse pas à la mélodie les apports de l'harmonie dans la mesure où le chant conserve son naturel et respecte le principe d'unité de la mélodie. Si la sympathie comme phénomène acoustique de mise en vibration par résonance peut caractériser la communion harmonique des monades, c'est la sympathie comme empathie, émotion à l'unisson, qui va accompagner l'émergence de la communauté humaine et la naissance du chant et de la mélodie.

Catherine Kintzler cite ce curieux texte manuscrit de Rameau :

> « Point d'ouvrage soit de la nature soit de l'art soit en physique soit même en morale, qui ne soit susceptible de ce terme, harmonie universelle, harmonie céleste, harmonie du corps humain, harmonie en peinture, en architecture, harmonie du gouvernement, etc. ... pour parvenir cependant à la justesse exacte rigoureuse et sensible qu'on trouve dans la musique.»

Musique dont l'origine est selon lui supra naturelle, car elle *semble nous être donnée par la nature comme le type sensible de ce que doit être en proportions, c'est à dire de toute perfection*[28].

Daté de 1759, il montre bien à quoi Rousseau essaie de répondre si la peinture, la musique, le jardin, la politique et la morale ne sont que les applications pratiques des lois de

---
28 Dans *Rameau et la fin de l'esthétique classique,* Ed. du Sycomore 1983.

l'harmonie universelle et transcendante, une utopie globale. La liberté alors n'a pas de place dans cet équilibre mathématique « de toute perfection ».

Par contre, dans les chapitres XIII et XIV de *l'Essai*, il s'agit non de *sciences naturelles* mais de *beaux arts*, activités spécifiques à l'humanité et à elle seule. La perfectibilité, le langage, l'imagination, la liberté des hommes leur ont fait développer ces qualités, *soit en bien, soit en mal*, après le passage à l'état civil, inévitable et donc difficilement conciliable avec une pensée de l'harmonie de la nature et de la perfection. Car la nature, y compris celle de l'homme, doit elle-même être pensée selon le principe de perfectibilité, comprise comme progrès nuancé, *soit en bien, soit en mal* et non comme progrès négatif et sans nuance comme le définissait le premier *Discours* de 1750, première ébauche d'une pensée musicale elle même perfectible.

De la nature paradoxale des choses.

Dans les premières lignes de l'*Émile,* publié en 1762, et écrit à peu près en même temps que la *Nouvelle Héloïse*, *l'Essai*, le *Contrat* et le *Dictionnaire de Musique,* Rousseau s'écrie plus qu'il n'écrit :

> « Tout est bien sortant des mains de l'auteur des choses, tout dégénère entre les mains de l'homme ; il force une terre à nourrir les productions d'une autre, il mêle et confond les climats, les éléments, les saisons ; il mutile son chien, son cheval, son esclave, il défigure tout ; il aime la difformité, les monstres ; »

Parce que 'l'homme *ne veut rien tel que l'a fait la nature, pas même l'homme ; il le faut dresser par lui, comme un cheval de manège ; il le faut contourner à sa mode, comme un arbre de son jardin*[29].

---

[29] Rousseau J.J., *Emile ou de l'éducation,* Firmin Didot 1889, p.5.

Cependant, la phrase suivante donne une vision paradoxale de la nature, due peut être au dédoublement des prénoms, entre Jacques le botaniste asocial et Jean l'humaniste (ou l'inverse) : *Sans cela, tout irait plus mal encore, et notre espèce ne veut pas être façonnée à demi.*[30]
Cette affirmation énigmatique relativise donc le réquisitoire qui la précède et ne trouve pas véritablement son sens dans la dédicace à la future mère qui suit.

Revenons un instant à ce réquisitoire contre l'homme, qui conforte le rousseauisme naïf et trouve un écho apparent dans les *Rêveries du promeneur solitaire* avec une sorte de vision préromantique, « l'harmonie des trois règnes », écho aussi du *Discours sur les sciences et les arts,* où l'homme ne peut que contempler, sans agir, et n'est qu'un regard passif :

> « On ne peut réfléchir sur les mœurs, qu'on ne se plaise à se rappeler l'image de la simplicité des premiers temps. C'est un beau rivage, paré des seules mains de la nature, vers lequel on tourne incessamment les yeux, et dont on se sent éloigner à regret. »[31]

On voit donc se constituer dès 1750 et se prolonger vers 1777 une vision de la nature avant l'homme qui va devenir très vite un mot d'ordre pour les romantiques. Le récit des vagabondages de Rousseau dans les Alpes et à l'île Saint Pierre vont contribuer à transformer le regard sur la nature hérité de la culture classique pour qui les montagnes, les forêts et les rivages ne sont pas fréquentables. Le seul paysage, avant lui, était le « pays sage » ou « la campagne riante », c'est à dire cultivée, jardinée, humanisée.
Alors d'où vient cette deuxième phrase paradoxale ? Il faut donc chercher ailleurs. Le second *Discours,* celui sur l'inégalité, explique que l'homme est « *façonné à demi* » parce que la nature a donné à l'animal l'instinct pour survivre quand les hommes

---
30 Rousseau J.J., *ibid,.* p.5.
31 Rousseau J.J., *Discours,* Classiques Larousse 1939, p.19.

doivent se contenter de leur perfectibilité, *faculté qui à l'aide des circonstances développe successivement toutes les autres*, progrès nuancés, on l'a vu, dans l'*Essai sur l'origine des langues* par la formule du *soit en bien, soit en mal* qui fait du concept de perfectibilité chez Rousseau un concept spécifique, à la fois positif et négatif, différent de son acception positive au siècle des Lumières, ou de l'acception négative du premier Discours.

Dans un ancien texte, *L'influence des climats*, il résume les développements à venir et nous amène à proposer le concept d'acclimatation, synonyme de celui de perfectibilité, avec au début la définition inverse du principe libéral de la main invisible où l'ensemble des intérêts particuliers devrait produire celui de tous :

> « Si toute la terre était également fertile, peut-être les hommes ne se fussent-ils jamais rapprochés. Mais la nécessité, mère de l'industrie, les a forcés de se rendre utiles les uns aux autres pour l'être à eux mêmes, c'est par ces communications, d'abord forcées, puis volontaires, que leurs esprits se sont développés, qu'ils ont acquis des talents, des passions, des vices, des vertus, des lumières, et qu'ils sont devenus tout ce qu'ils peuvent être en bien ou en mal. L'homme isolé demeure toujours le même, il ne fait de progrès qu'en société. »[32]

La double conséquence des bouleversements terrestres a été de transformer l'environnement, et les sociétés humaines en les combinant de façon nouvelle. Mais aussi, en activant l'intérêt de tous, cela a permis de transformer les hommes pour leur permettre d'advenir « ce qu'ils peuvent être », et non ce qu'ils doivent être.

Le hasard n'est qu'un moment du changement, et non une fatalité, puisque si la nécessité et les *causes physiques et naturelles* sont à l'origine de l'évolution humaine individuelle et collective, *les causes morales*, la liberté humaine, la perfectibilité et la volonté morale vont les relayer *en bien ou en mal* selon l'autre formule. On peut comprendre alors le *sans cela, tout irait plus mal encore*, la survie de l'humanité, et donc

---

[32] Rousseau J.J., *Œuvres t.3,* la Pléiade 1964, p.533.

sa possibilité, dans cette vision étonnante de la nature qu'il va développer, autour de 1760 donc, dans l'*Essai,* au chapitre IX :

> « Le premier état de la terre différait beaucoup de celui où elle est aujourd'hui, qu'on la voit parée ou défigurée par la main de l'homme. Le chaos [...] régnait dans ses productions [...], tout croissait confusément[...] Avant que les hommes réunis missent par leurs travaux communs une balance entre ses productions [...] elle maintenait ou rétablissait cet équilibre par des révolutions [...] Sans cela, je ne vois pas comment le système eût pu subsister, et l'équilibre se maintenir. Dans les deux règnes organisés, les grandes espèces eussent à la longue absorbé les petites : toute la terre n'eût bientôt était couverte que d'arbres et de bêtes féroces ; à la fin, tout eût péri. »*33*

Quant aux allusions au texte biblique dans le chapitre IX de *l'Essai,* elles semblent à la fois une réponse aux objections des censeurs, et une manière de les neutraliser, comme le doigt qui incline l'axe du monde, tout en prenant ses distances : *J'appelle les premiers temps ceux de la dispersion des hommes, à quelque âge du genre humain qu'on veuille en fixer l'époque.*[34]

> « Épars dans ce vaste désert du monde, les hommes retombèrent dans la stupide barbarie où ils se seraient trouvés s'ils étaient nés de la terre [!]. En suivant ces idées si naturelles, il est aisé de concilier les idées de l'écriture avec les monuments antiques. »[35]

Quand Rousseau réfère aux « idées si naturelles », il ne pense pas une nature cause et principe de sa propre organisation, avec des mains, attributs de la toute puissance créatrice qui a façonné Adam avec la glaise, car, dans le même chapitre, il récuse l'hypothèse d'un « printemps perpétuel », d'un paradis abondant en tout, où les hommes, « sortant des mains de la nature » se seraient dispersés pour conserver leur « liberté primitive » en évitant l'état social.

---

33 Rousseau J.J., *Ecrits sur la musique, op.cit.,*, p.208-210.
34 Rousseau J.J., *ibid.,* note 1 p.193.
35 Rousseau J.J., *ibid..*, p.200.

Il s'agit plutôt d'une nature proche du matérialisme de Lucrèce pour qui, dans *De la nature*, (V, 821-827) *le nom de mère appartient à la terre qui [...] a créé la race humaine*[36], et qui suppose le hasard comme principe d'organisation non préétablie. Cela permet à Rousseau de rendre compte de l'apparence de désordre et la possibilité d'y penser une certaine conception des hommes, comme « s'ils étaient nés de la terre ». Qui accouche, de manière passive et imprévisible, des hommes, au pluriel !

Si la nature est un système fondé sur l'instabilité, l'homme en est un élément déterminant, sa perfectibilité pouvant jouer comme principe d'équilibre, au moins temporaire qui, s'il ne s'était jamais civilisé, n'aurait pu survivre parmi les derniers prédateurs, les plus féroces, errant dans la forêt ultime où la diversité végétale et animale aurait finalement disparu. *Sans cela., à la fin, tout eût péri.*

A la limite, l'absence d'instincts qui définit l'homme le rend solitaire à l'état de nature, ni bon, ni mauvais en dehors du rapport à l'autre, « farouche » plutôt que naturellement bon ou mauvais. C'est pourquoi la description de l'état de nature du second *Discours* n'est pas celle du paradis mais une hypothèse philosophique sur ce *qui n'existe plus, qui n'a peut-être point existé, qui probablement n'existera jamais*. Et le *Contrat social*, dans sa première version dite *manuscrit de Genève*, affirme : *l'âge d'or fut toujours un état étranger à la race humaine.* Voilà pour les idées « si naturelles ». Le paradis n'est une solution ni pour l'homme, ni pour la nature : l'uniformité préétablie et harmonique ne convient ni à l'un ni à l'autre.

Dans ce chapitre, Rousseau semble donc répondre aux objections qui lui ont été faites à propos de sa description d'un état de nature hors de toute référence à la Genèse. Il en convient en revenant à ce texte pour ce qui est de l'agriculture d'abord, et de la langue ensuite (*je sais, tout cela est vrai*). Puis il renvoie cet état de nature originel de l'homme solitaire, isolé, naturellement bon parce que vivant loin des autres, après l'âge patriarcal décrit par les Écritures, où la langue d'Adam et de ses

---

36 Lucrèce, *De la nature,* GF Flammmarion 1964, p.177.

descendants vient de Dieu lui même, sans poser de problème d'origine ni de diversité. Leur division les amène à se séparer, à délaisser et l'agriculture et leur langue commune. Voilà le début du « premier âge », ou des « premiers temps », définis comme *ceux de la dispersion des hommes.*
Pas de contradiction, donc, entre le texte sacré et celui du philosophe. Mais pas non plus de liaison nécessaire entre les deux : *Cela serait arrivé quand il n'y aurait jamais eu de tour de Babel.*[37]
Le *premier état de la terre* renvoie au premier âge de la dispersion des hommes, celui d'après le déluge et Babel, qu'on les prenne en compte ou pas, d'ailleurs, car si ce passage est précédé de la formule célèbre du doigt qui incline l'axe du monde, la référence à la Providence pour expliquer la diversité des climats n'est pas une explication suffisante. En effet, le paragraphe suivant revient aux idées « si naturelles » :

> « La terre nourrit les hommes; mais quand les premiers besoins les ont dispersés, d'autres besoins les rassemblent, et c'est alors seulement qu'ils parlent et font parler d'eux. Pour ne pas me trouver en contradiction avec moi même, il faut me laisser le temps de m'expliquer. »[38]

L'homme, par son « inconstance » même, a sa place dans cet équilibre de la nature, dont il va paradoxalement calmer l'allure chaotique :

> « Il y a un tel rapport entre les besoins de l'homme et les productions de la terre, qu'il suffit qu'elle soit peuplée, et tout subsiste... Les montagnes se dégradent et s'abaissent, les fleuves charrient, la mer se comble et s'étend, tout tend insensiblement au niveau ; la main des hommes retient cette pente et retarde ce progrès ; sans eux, il serait plus rapide, et la terre serait déjà peut-être sous les eaux. »[39]

D'un côté donc, un « tout est bien » qui décrit la nature comme

---

[37] Rousseau J.J., *Ecrits sur la musique, op.cit.*, p.199.
[38] Rousseau J.J., *ibid.*, p.204.
[39] Rousseau J.J., *ibid.*, p.208-210.

une harmonie divine où l'homme ne peut rien faire que contempler, sinon il risque de tout défigurer, vision que confirmera le *promeneur solitaire*, et de l'autre, dans le même texte de l'*Émile*, un « tout irait plus mal encore » où la nature est pensée comme un système autonome, mais chaotique. La liberté d'action de l'homme, par son imprévisibilité même, y trouve totalement sa place *soit en bien, soit en mal,* et cette formule définit l'humain qui devient ici un possible facteur d'équilibre en stabilisant la nature, en la cultivant et en canalisant les eaux... Ce qui explique le double *sans cela* et fait de ce texte une sorte de charnière entre une pensée présente dont le contexte serait le paradigme de la perfectibilité, c'est à dire de l'improvisation, de la mélodie et non de l'harmonie naturelle, et une pensée à venir s'en éloignant en partie.

De l'art paradoxal du jardin.

D'où les conséquences esthétiques de cette conception de la nature : l'homme, cet être dénaturé, sans instinct, ne peut contempler la nature qu'une fois qu'il l'a rendue habitable et donc cultivée, dénaturée, « contournée à sa mode » en « campagne riante » car, dans les endroits où les hommes peuvent vivre, elle n'est souvent que du mauvais pays, de la broussaille, du terrain vague.
Ce n'est en général que dans des endroits rares et inaccessibles à l'homme qu'elle cache *ces lieux si peu connus et si dignes d'être admirés,* écrit-il dans *la Nouvelle Héloïse.* Ce que le peintre romantique allemand Caspar David Friedrich va s'attacher à peindre toute sa vie : des paysages à la limite du sublime, vertigineux ou inhospitaliers, dans lesquels l'homme a rarement sa place, sauf comme un spectateur vu de dos, prostré dans sa contemplation d'une nature d'avant l'homme.

> « D'ailleurs la nature semble vouloir dérober aux yeux des hommes ses vrais attraits auxquels ils sont trop peu sensibles, et qu'ils défigurent [...] Ceux qui l'aiment et ne peuvent

l'aller chercher si loin sont réduits à lui faire violence, à la forcer en quelque sorte à venir habiter avec eux, et tout cela ne peut se faire sans un peu d'illusion. »[40]

Dans cette longue lettre XI de la quatrième partie, après cette remarque, il décrit comment Julie a installé au fond de son verger un jardin secret, joignant l'agréable à l'utile de manière à en faire un lieu de promenade où *la nature a tout fait,* mais par sa volonté.

Proposer de lire *Rousseau* en *précurseur de la pensée écologiste*, ce que faisait Marcel Schneider en 1978, pourquoi pas, à condition d'éviter les contresens quand, par exemple, il commente dans ce sens, les verbes *défigurer, forcer* et *faire violence* de l'extrait précédent comme synonymes alors qu'ils fonctionnent, le premier en négatif et les deux autres en positif, selon le principe de la perfectibilité *soit en bien soit en mal.*

Car avant de pouvoir contempler, il faut l'activité de l'homme qui aménage et ainsi crée la possibilité même du regard (ou de l'écoute) humain, parce que la perfectibilité humaine transforme, en la parant ou la défigurant, la nature bruyante, confuse et envahissante. Elle la fige dans l'espace et dans le temps selon des règles qui permettent à l'homme de s'y retrouver, qu'il s'agisse de l'art du jardin ou du paysage pictural ou de l'art de la mélodie, règles qui en évoluant vont amener l'homme à modifier son regard sur la nature, tout en continuant de la maintenir à distance, selon un principe de perspective qui la contient et l'isole comme dans un cadre de fenêtre.

Du jardin d'Éden des peintures religieuses aux paysages profanes de la peinture flamande, il y a tout un processus de laïcisation, en parallèle avec la musique, qui accompagne l'appropriation de l'homme occidental sur le monde, domestiquant un peu partout la nature, et les sons, au point que le jardin classique à l'italienne, puis à la française, devra céder la place au jardin à l'anglaise pour permettre au regard de retrouver des lieux plus « naturels », dans un espace de plus en

---

40 Rousseau J.J., *La Nouvelle Héloïse,* Garnier frères 1935, t.2 p.97.

plus maîtrisé par l'homme. En apparence du moins, car ce dernier jardin serait organisé de façon monadique, comme reflet de la totalité universelle, selon le philosophe T.O.Enge dans *Architecture des jardins en Europe[41]*, ce qui le rapprocherait plutôt du paradigme de l'harmonie.

Rousseau, lui, décrit le jardin de l'homme de goût, conciliant à la fois l'humaniste et le botaniste, comme un lieu d'abord utile, et plaisant, où sont rassemblés sans artifice visible, ni à la française, ni à l'anglaise justement, l'eau, la verdure, l'ombre et la fraîcheur, comme sait le faire la nature, sans user de la symétrie ni aligner les allées et les bordures. L'homme de goût *ne s'inquiétera point de se percer au loin de belles perspectives : le goût des points de vue et des lointains vient du penchant qu'ont la plupart des hommes à ne se plaire qu'où ils ne sont pas.[42]*

Le travail sur la nature ne sert pas à dévoiler la nature derrière la nature, comme le voulait l'opéra baroque, mais, avant qu'elle ne devienne invivable, à la rendre habitable en bien ou en mal, ce dont l'extension catastrophique de notre civilisation urbaine est une des conséquences et pas forcément un destin. Si le travail du verger et des champs est une nécessité pour l'homme, le jardin de l'homme de goût aura aussi pour fonction de lui permettre de se dépayser, de se délasser des moments d'effort ; labeur qui transforme l'environnement en y laissant sa marque, au point que nos paysages, en dehors des villes, ne peuvent plus appartenir qu'à trois catégories : le jardin, la campagne et le site touristique que l'industrie du même nom rend accessible à tout un chacun aujourd'hui.

---

41 Enge T.O., *L'architecture des jardins en Europe,* Taschen 1990, p.232.
42 Rousseau J.J., *op.cit,.* p.101.

De la [dé]nature de l'humain.

Pourtant, après la parution de l'*Émile*, avec ses deux premiers paragraphes paradoxaux, il semble rejeter le paradigme qu'il a contribué à édifier pour revenir au précédent comme s'il essayait d'effacer une pensée qui fait de lui un être traqué, une solitude involontaire isolée par l'étrangeté de sa pensée. Barrès, l'écrivain d'extrême droite, lors du bicentenaire de la naissance du philosophe, le qualifiait d'inspirateur de *tous les théoriciens de l'anarchie* et Maurras, son confrère, *d'ennemi de la France* .
Robert Rado dans La Croix du 12 juin 1912 expliquait :

> « A l'heure où les thèmes de la race et du milieu, de l'hérédité et de la continuité renforcent de manière éclatante nos croyances traditionnelles et ces grandes réalités que nous appelons la patrie, la famille, la profession, il est tout de même insolent qu'on vienne nous exhiber ce vagabond genevois qui a employé tout son génie à nier ces réalités, à couper toutes les racines sous prétexte qu'elles étaient des liens, et à dresser seul sur ces ruines, l'individu, cet être sans passé, sans foyer, sans métier, cette abstraction, ce fantôme affreux dont nous avons tant de peine à nous délivrer. »[43]

Être sans nature, sans définition, dont la nature même, à cause de la perfectibilité, est de ne pas avoir de nature, comme le redira l'existentialisme sartrien, voilà bien le problème de l'homme Rousseau parmi les hommes !

« La faute à Rousseau » serait-elle de s'être compris le premier comme arraché à la naturalité biologique et d'avoir assumé l'absence d'instinct, de prédétermination biologique ; et ce, au point de changer de religion, de patrie, de statut social, passant volontairement du métier de compositeur à la mode à celui de copiste, et du rôle d'intellectuel entretenu à celui d'exilé volontaire, par la publication de livres dérangeants. La seule

---

[43] Cités par Benoît Mely, *Rousseau, un intellectuel en rupture,* Minerve 1982.

faute que lui se reconnaît, c'est d'avoir caché son secret, que Voltaire à dévoilé anonymement en 1765, dans son libelle anonyme déjà cité du *Sentiment d'un citoyen*, avec des mots qui ne sont pas sans en rappeler d'autres, cités plus haut:

> « C'est un homme qui porte encore les marques funestes de ses débauches et qui, déguisé en saltimbanque traîne après lui de village en village, et de Montagne en Montagne, la malheureuse dont il fit mourir la mère, et dont il a exposé les enfants à la porte d'un hôpital... en abjurant tous les sentiments de la nature comme il dépouille ceux de l'honneur et de la Religion. »[44]

Et comme toute faute oblige à se confesser, c'est ce qu'il va faire, mais en rompant avec la tradition millénaire d'en rendre compte devant Dieu ou ses ministres : c'est devant les hommes seuls qu'il va avouer ses fautes, ses peurs, ses mensonges et ses vices qui, comme l'onanisme ou le rejet de l'instinct paternel, quoiqu'en dise Derrida dans la *Grammatologie*, ne sont que la conséquence de sa perfectibilité, avant d'être des fautes.

Il y a, on l'a vu, une volonté à lire Rousseau en romantique à partir des *Rêveries* et du début de l'*Émile,* alors que dans sa pensée, l'arrachement à la naturalité est une condition nécessaire à l'humanité de l'homme et à l'habitabilité du monde par l'homme, être de culture au double sens de savoir et de jardinage, ce qu'il écrit dans sa septième *Lettre sur la botanique* en 1773 :
> « L'homme a dénaturé beaucoup de choses pour les mieux convertir à son usage : en cela il n'est pas à blâmer ; mais il n'en est pas moins vrai qu'il les a souvent défigurées, et que, quand dans les œuvres de ses mains il croit étudier vraiment la nature, il se trompe. Cette erreur a lieu surtout dans la société civile ; elle a lieu même dans les jardins. »

C'est pourquoi l'art spécifiquement humain du jardin est une dénaturation :

---

44 Cité par Jean Guéhenno dans *Jean-Jacques,* Gallimard 1962, p.135.

> « Ces fleurs doubles qu'on admire dans les parterres sont des monstres dépourvus de la faculté de produire leur semblable, dont la nature a doué tous les êtres organisés. Les arbres fruitiers sont à peu près dans le même cas par la greffe : vous aurez beau planter des pépins de poires et de pommes des meilleures espèces, il n'en naîtra jamais que des sauvageons. »[45]

Le ton mesuré et didactique de cette lettre semble revenir sur l'emphase du début de l'*Émile* et y répondre : si l'homme ne veut rien garder *tel que l'a fait la nature*, c'est à cause d'une imperfection même de la nature qui a pour conséquence l'acclimatation, la perfectibilité et l'imagination humaine. Sinon, l'homme ne refaçonnerait pas la nature en vue de l'améliorer, par des greffes et des boutures pour obtenir de meilleurs fruits, ou par la mutilation pour conserver sa belle voix à l'enfant.

D'où le *sans cela, tout irait plus mal encore* qui atténue considérablement le style théodicée du premier paragraphe de l'*Émile* et se continue dans le *Contrat Social* : la perfectibilité humaine comprise comme liberté naturelle n'aura de limites, comme liberté civile, que dans le cadre d'une législation humaine, et non seulement religieuse ou morale, puisque la « bonté » originelle n'est que l'innocence d'un animal farouche, borné et solitaire, sans contact avec autrui.

Faut-il alors comprendre que l'homme est déjà un monstre avant de se perfectionner en monstre, que tout n'est pas si bien sortant des mains de Dieu, du moins pour l'homme, créature inachevée, *façonnée à demi*, sans instinct propre, abandonnée dans un état de nature qui n'a rien du paradis, ni de *la campagne riante* qui sera plus tard l'une des productions « monstrueuses » des hommes ?

Mais est-ce toujours la faute de la société s'ils sont « façonnés à demi » ?

Si le mal est réel, il n'est pas forcément social et politique, mais parfois naturel. Et la culture, au triple sens de l'éducation, du

---

45 Rousseau J.J., *Oeuvres t.3*, La Pleiade 1964.

jardinage et de la politique en est le remède. Comment faire autrement ?

Éducation et mutilation permettent aux hommes de devenir *tout ce qu'ils peuvent être en bien ou en mal* pour reprendre la formule de *L'influence des climats*. Dans l'article « Castrato » du *Dictionnaire de Musique,* Rousseau dénonce les *pères barbares* [qui] *sacrifiant la nature à la fortune, livrent leurs enfants à cette opération pour le plaisir des gens voluptueux et cruels qui osent rechercher le chant de ces enfants.* Avec le castrat à la voix belle, mais *sans chaleur et sans passion* d'ange artificiel, mutilé, *boursouflé* , *maussade*, l'homme a créé une monstruosité, sans doute, puisqu'en lui l'humain n'est pas advenu. L'imperfection de la nature, ici, c'est la mue. D'où la castration comme mutilation pour conserver artificiellement cette voix perdue. Ou l'éducation de la voix pour dépasser cette imperfection. Gluck, réécrivant complètement son *Orphée* en français va remplacer le castrat de la version italienne par une voix de contre-ténor, plus « naturelle » en suivant les conseils de Rousseau pour la composition mais aussi pour la distribution de l'œuvre.

Si l'homme est en position de démiurge, c'est qu'il sait parfois mieux que la nature elle même ce dont elle peut accoucher au milieu de son instabilité chaotique puisqu'il est lui même une virtualité qui doit et peut apprendre à se réaliser en bien plutôt qu'en mal. Nous n'avons donc pas quitté le paradigme de la mélodie que l'éducation et le jardinage viennent compléter pour permettre à l'homme d'essayer de se réaliser pleinement comme humain dans son arrachement nécessaire à la nature, à la fois pour s'acclimater au monde et l'acclimater au genre humain. Le *land art*, l'art du paysage, continué aujourd'hui par Andy Goldsworthy ou Nils Udo dans le respect des sites naturels par des sculptures éphémères que la photographie seule peut conserver, joue peut être sur ces deux registres après avoir été à ses début *earth art* à coup de bulldozer et de grands chantiers.

Les principes de la mélodie : acclimatation, imagination, éducation et improvisation.

Pour Rousseau, mélodie et jardin sont de l'ordre de l'humain, de la perfectibilité, de l'imagination et des passions simples : faste, luxe et symbolique métaphysique, quelle qu'elle soit, en sont exclus et ce jardin est accessible à tout un chacun, s'il est homme de goût, ce qu'il peut devenir par l'éducation. Le jardin partage avec la musique une temporalité mélodique, celle aussi du processus éducatif qui permet aux hommes d'espérer devenir *tout ce qu'ils peuvent être* puisque la nature n'y saurait suffire. D'où le jeu sur la polysémie du mot culture que l'on retrouve chez Primo Levi, dans *Les naufragés et les rescapés* : *Hitler et les SS... n'avaient pas été « cultivés » ou avaient été mal cultivés.*

Et vouloir recréer l'homme dans son milieu « naturel » pour le purifier a été le contresens des horticulteurs nazis ou pré-nazis de la première moitié du XXe siècle, comme en témoigne un responsable spécial de l'implantation et de l'entretien des paysages auprès du commissaire du Reich pour le renforcement des populations allemandes dans les *territoires de l'est intégré*, quand ils voulaient retrouver dans ces territoires *pour les allemands en tant que population autochtone* un paysage respectant les lois naturelles, où ils *ne s'ensablent ni ne s'enslavent en quelques années*. Dès la fin des années trente, l'utilisation de plantes considérées comme non indigènes fera parler d'horticulture « dégénérée », comme pour l'art. Borchardt, jardinier d'origine juive, mort en fuyant le nazisme, écrivait en 1933 :

> « Si cette espèce de jardinier barbare avait toujours été la règle, aucune giroflée, aucun pied de romarin, aucune pêche, aucun buisson de myrte, aucune rose pompon n'auraient jamais franchi les Alpes, jamais aucune relation horticole ne se serait établie entre les peuples, les époques et les latitudes, toutes relations qui se rangent sous le grand concept historique

d'acclimatation. Dans les jardins, on vivrait encore de glands [...] la déraison réside dans la mise en jachère du jardin dans le jardinier, et cette volonté de décourager la recherche ».[46]

Le concept d'acclimatation proposé par ce botaniste, puis élargi, s'applique aussi bien aux deux paradigmes de l'humain, celui du jardin et celui de la mélodie. Ce qui vaut pour les plantes vaut aussi pour les musiques propres à des communautés géographiques précises, mais aussi pour les autres créations artistiques. Transplanter les cultures, les mettre au contact d'autres peut être facteur d'enrichissement et de renouvellement. Cette attention aux autres cultures populaires était déjà présente dans les planches du *Dictionnaire de musique*, où Rousseau avait noté en exemples un air latin, un air grec, une chanson de mousquetaires, un air chinois, une chanson des sauvages du Canada, une danse canadienne, un air suisse, une chanson persane.

Et la querelle des bouffons, en confrontant musique française et musique italienne, permit sans doute, à travers Rousseau, puis Gluck qui alla d'Italie en France, un renouveau musical. Hector Berlioz fit redécouvrir au XIXe ce musicien allemand qu'il considérait comme révolutionnaire. Et Gluck lui même avoua ce qu'il devait à la pensée musicale de Rousseau, s'agissant de l'art du duo et du récitatif mélodique, du bon usage de l'harmonie sans excès, et du mauvais usage des castrats. D'abord en désaccord, le musicien, pour faciliter son passage en France, décida, écrit-il dans une lettre au *Mercure* de 1772, de consulter :

> « le fameux M. Rousseau de Genève [pour] fixer le moyen que j'envisage de produire une musique propre à toutes les Nations, et de faire disparaître la ridicule distinction des musiques nationales [...] L'étude que j'ai faite des ouvrages de ce grand homme sur la musique, *la Lettre* entre autre dans laquelle il fait l'analyse du monologue de l'Armide de Lully prouvent la sublimité de ses connaissances et la sûreté de son

---

46 Tous deux cités, le commissaire et le jardinier, dans *Maîtres et protecteurs de la nature,* Champ-Vallon 1991.

goût et m'ont pénétré d'admiration. »

Ce qui amènera Rousseau à travailler avec Gluck sur la partition d'Iphigénie, dont la répétition l'a enchanté : *Vous avez réalisé ce que j'ai cru impossible jusqu'à ce jour.* On peut lire dans *la Correspondance Littéraire* d'avril 1774 :

> « [Rousseau] a déclaré avec ce renoncement à soi-même si peu commun des sages qu'il s'était trompé jusqu'à présent ; que l'opéra de M.Gluck renversait toutes ses idées et qu'il était aujourd'hui convaincu que la langue française était aussi susceptible qu'une autre de musique forte, touchante et sensible. »

Il avait d'ailleurs déjà nuancé ses propos provocateurs de la *Lettre* concernant l'incapacité propre au français à avoir une musique dans *L'Essai* au chapitre VII duquel il précise que toutes les langues de l'Europe ont perdu leur accent musical, et même l'italienne qui, pourtant, se prête mieux à la musique.

Pour revenir à l'histoire musicale du point de vue de l'acclimatation, l'arrivée de l'allemand Haendel en Angleterre après un détour en Italie, a sans doute contribué à développer l'opéra italien à Londres à la fin du XVIIe. Bien plus tard, en Irlande, l'appropriation par la tradition musicale populaire du musicien classique du XVIIIe O'Carolan, nourri lui aussi de musique italienne, verra le développement d'une musique traditionnelle très riche. L'héritier le plus talentueux en est peut être le musicien galicien Carlos Nunez dont la flûte baroque et la musique, savante, actuelle et populaire à la fois, témoigne de cette longue acclimatation, entre classique et folk, celtique et flamenco.

L'exemple du blues.

Le début du XXe siècle est marqué par l'avènement d'une musique populaire improvisée dans trois régions du monde, après la rencontre de deux traditions dont l'une, migrante, est déracinée : le blues afro-américain, le tango italo-argentin et le musette italo-français. L'arrachement aux racines socio-géographiques permet, dans tous ces exemples, à une tradition d'évoluer et de s'affranchir de ses limites « naturelles », en réalité culturelles, ce dont témoignent certaines réussites de la *world music* actuelle (et de la littérature ou du cinéma aussi), quand elles arrivent à s'affranchir des contraintes de l'industrie musicale. Idée assez ancienne, sans doute déjà pratiquée dans l'antiquité et plus tard dans l'espace européen, puis mondial.

A l'origine d'un grand nombre des musiques populaires actuelles, le blues a la sienne dans le déracinement tragique et cruel qui vit toute une population noire installée de force sur des terres américaines dont les anciennes cultures venaient de disparaître avec l'arrivée des Européens.

Quand on lit les histoires du blues, on ne peut pas ne pas se demander, dans le flou des années 1865-1910, entre la « libération » des esclaves du sud et la publication de *Memphis Blues*, si la survie de cette plainte syncopée primitive - langue chantée de l'émotion au sens de Rousseau - aurait pu se faire par la seule transmission orale, par quelques chanteurs solitaires du Mississippi, sans règles communes, abandonnés à la misère sur une terre qui n'est pas la leur à l'origine.

Une hypothèse sur les diverses acclimatations peut être proposée, autour des différences entre blues urbain féminin, et blues rural masculin, le premier menant au jazz et le second au blues électrique, ensuite au rock.

Il semble que Kid Ory ait réalisé avec le Spike's Seven Pods of Pepper Orchestra. le premier enregistrement de jazz noir dès 1921, *Ory's creole trombone*. Avec le *Society Blues,* deux ans avant le fameux *Dippermouth Blues* par le Creole Jazz Band de King Oliver avec Louis Armstrong.

Le *Livery Stable Blues*, date, lui, de 1917, par l'orchestre blanc de Nick La Rocca, l'Original Dixieland Jass Band.

Mamie Smith en 1920 avec *Crazy Blues* a enregistré, elle, le premier blues vocal. Alors que le premier enregistrement de

country blues date de 1923 : *Guitar Blues*.
Enfin, 1925 voit l'avènement d'Armstrong, d'abord dans le *St Louis Blues* de Bessie Smith, puis avec son Hot Five un peu plus tard : *Gut Bucket Blues*.
Sept blues enregistrés entre 1917 et 1925 qui racontent, quand on les écoute comparativement, toute une évolution musicale[47].
On peut supposer qu'indirectement, dans la seconde moitié du XIXe, les musiciens blancs de music-hall, de manière parodique, vont diffuser une idée simplifiée, facile à apprendre, de cette musique qui existe alors sous des formes diverses le long du Mississippi, avant que les *minstrels* noirs, s'inspirant à leur tour des spectacles blancs, donnent enfin une forme plus régulière au blues. Forme que la première partition confortera, en donnant un canevas rigoureux, sur douze accords, permettant le jeu à plusieurs, en orchestre, selon les règles musicales occidentales écrites, et grâce aux fanfares de Cuba, qui, équipées d'instruments neufs, ont bradés les anciens aux USA.
Ensuite l'enregistrement va fixer dans la cire les grandes voix noires du blues, et sa forme presque définitive, tout en promettant un renouvellement indéfini de cette nouvelle tradition orale. De même les cartons découpés des pianos mécaniques avaient pu donner une forme au ragtime et la perpétuer partout. Comme le train qui, pour tous ces musiciens errants, ne sera pas étranger à ce développement musical sur l'ensemble du territoire américain.

Ce qui permet de proposer l'hypothèse que deux traditions du blues se sont développées.
L'une rurale, masculine, Sylvester Weaver dans *Guitar blues en 1923*, des ouvriers agricoles chantant et jouant dans les petites salles enfumées des épiceries de campagne, ce qui explique le retard à les enregistrer, avec leur guitare seule ou leur

---

[47] On peut écouter ces morceaux en ligne dans l'article *Blues et jazz : 1923 et la question des origines* sur le site www.musicologie.org.

harmonica, le bon vieux blues qu'on identifie tout de suite. Il va ensuite gagner les villes, avant de s'amplifier à Chicago, en donnant naissance à toute une descendance électrique et métissée.

L'autre tradition, urbaine, féminine, des servantes pauvres qui, par besoin et plaisir, vont pousser cette complainte dans les cabarets et les music-halls, où une fanfare les accompagne parfois, et leur permet de reprendre souffle pendant les intermèdes instrumentaux et dansants. Le jazz de la Nouvelle Orléans est peut être né en partie de ce blues urbain.
Mamie Smith avec *Crazy Blues* est la première voix noire conservée en 1920 (par hasard, car elle en remplaçait une autre). On entend bien, derrière elle, la fanfare l'accompagnant de son contre-chant improvisé et collectif, typique du jazz en gestation.
Ces fanfares existent sans doute déjà depuis un moment, et pendant les entractes, les musiciens blancs de l'Original Dixieland Jazz Band de Nick La Rocca, les ont entendues bien avant 1920. Ils essaient de les imiter, comme en 1917 avec *Livery Stable Blues,* mais de manière très répétitive et peu colorée, avec juste les hennissements rigolos à la fin. Sans doute leur ont-ils avec ce disque donné une plus grande légitimité en les copiant, et contribué à proposer un modèle à dépasser aux autres musiciens.
En 1921 Kid Ory enregistre le *Society blues* où les variations sont répétitives, et très orchestrées, puis en 1923 King Oliver donne le *Dippermouth blues* où l'improvisation collective, très cadrée, propre à ce premier jazz, commence à céder la place à une autre, plus individuelle.

Louis Armstrong est présent. Chanteur de rue à 12 ans, il est le premier vrai soliste, et aussi le premier chanteur à improviser en scat - la feuille avec les paroles était tombée - transmettant cette qualité vocale à son instrument, et réciproquement. Ce qu'illustre assez bien la phrase de Billie Holliday disant : « Je chante comme un instrument à vent ».
Duke Ellington va très vite le comprendre, dès 1924, en intégrant

à son orchestre la trompette vocalisée et la voix instrumentalisée.
En 1925, quand Bessie Smith chante *Saint Louis Blues* avec juste un harmonium en appui, la trompette d'Armstrong lui tisse un contre chant tout du long. Un duo passionné et passionnant. L'histoire du jazz bascule ici. L'improvisation collective va laisser la place à celle individualisée de chaque soliste, chacun après l'autre, comme dans le *Gut Bucket Blues* enregistré par le Hot Five de Louis Armstrong en novembre de la même année, avec Lil Hardin au piano, une des rares femmes instrumentistes pour l'époque, Kid Ory au trombone, John Saint-Cyr au banjo et Johnny Dodds à la clarinette.
Le jazz moderne est peut être né de ces deux blues de 1925.
Duke Ellington, Charlie Parker, Thelonious Monk, Miles Davis, Django Reinhardt, Jerry Mulligan, Dave Brubeck, John Coltrane, Jan Garbarek, américains et européens, noirs et blancs, continueront de l'enrichir et de l'explorer.

La rencontre dans le blues de la gamme pentatonique africaine et de la musique européenne reste une véritable revanche culturelle qui marquera tout notre siècle et ses paysages musicaux, des pièces de Satie, Ravel, Debussy ou Stravinsky en passant par le jazz et le rock, le blues anglais, le reggae noir de Bob Marley ou blanc de Police, les influences balinaises et africaines des musiciens minimalistes comme Phil Glass ou Steve Reich, et la poésie de la *beat génération* chantée par Dylan, puis reprise en rap ou slam ensuite. La naissance et l'expansion du *rock and roll* est indissociable du mouvement des droits civiques, quand, dans l'Amérique de la ségrégation, les premiers concerts réunissent dans les mêmes salles les jeunes blancs et noirs, public et musiciens, tous auditeurs des mêmes radios que la ségrégation ne pouvait contrôler, au moment même où Martin Luther King commence son action.

Innovation technologique, acclimatation, transmission orale et écrite, improvisation. Le développement des cultures musicales populaires ne peut se comprendre en dehors de ces multiples dimensions.

Dans un paradigme de la perfectibilité *soit en bien, soit en mal*, les critères ne sont plus forcément liés à des genres, où le beau, le bon, le profond iraient nécessairement au classique, quand ils jouent à l'intérieur.

La synonymie qui semble se lire entre perfectibilité, liberté, jardin et mélodie, peut permettre par exemple une interprétation de la relation entre musique et image au cinéma. Ainsi les orchestrations très lourdement harmonisées des films à la *Star War*, dans la tradition des harmonies wagnériennes, conviennent parfaitement à cette rivalité entre empires, qu'ils soient du bien ou du mal, alors que la plupart des films dits noirs, c'est à dire les polars proches de l'existentialisme sartrien, s'accommodent fort bien, au contraire, eux, du jazz improvisé accompagnant l'errance de personnages condamnés à être libres.
Dans le prolongement de Gershwin ou Kurt Weill, les duos jazzy des films musicaux de Jacques Demy, ou l'opéra rock *Tommy* des Who respectent bien, même sans le savoir, le principe d'unité de la mélodie proposé par le musicien philosophe comme spécifique de la musique humaine.

Et c'est sans doute la faute à Rousseau - représenté au moins deux fois en musicien jouant sur des instruments peu aristocratiques comme le cistre et la vielle à roue - si la musique et la chanson populaires ont continué et renouvelé une tradition mêlant poésie et chant qui aurait été à l'origine des langues.

Pas de « mélodie de l'espèce » ici, comme chez les oiseaux, mais de multiples mélodies créées, transmises, reprises, adaptées, acclimatées, improvisées, surtout depuis ce retour à une tradition « orale » permise par la radio et le disque.

C'est cette culture rock et jazz que nous allons essayer de questionner à partir des intuitions de Rousseau.
Après un bref panorama de la chanson populaire et sociale en France, à partir du principe d'acclimatation justement.

Et après avoir donné la parole au musicien philosophe, pour nous dire ses diverses aventures musicales, et comment lui-même fut à l'origine d'une contre-culture, musicale et politique, qui participa à l'ébranlement de l'ancien régime, *car il est à redouter que le passage à un nouveau genre musical ne mette tout en danger. Jamais, en effet, on ne porte atteinte aux formes de la musique sans ébranler les plus grandes lois des cités,* écrivait Platon dans *La République*.[48]

---

48 Platon, *La Republique 424c*, GF 1966, p.175-176.

Entretien sur la musique avec
Jean Jacques Rousseau

Votre jeunesse a été assez instable, vous le racontez dans vos *Confessions*, et seule la passion de la lecture transmise par votre père, et de la musique par votre tante vous a empêché de devenir ensuite un vaurien comme vos camarades d'apprentissage, puis de vagabondage.

Hors le temps que je passais à lire ou écrire auprès de mon père, et celui où ma mie me menait promener, j'étais toujours avec ma tante, à la voir broder, à l'entendre chanter, assis ou debout à côté d'elle ; et j'étais content. Son enjouement, sa douceur, sa figure agréable, m'ont laissé de si fortes impressions, que je vois encore son air, son regard, son attitude : je me souviens de ses petits propos caressants ; je dirais comment elle était vêtue et coiffée, sans oublier les deux crochets que ses cheveux noirs faisaient sur ses tempes, selon la mode de ce temps-là. Je suis persuadé que je lui dois le goût ou plutôt la passion pour la musique, qui ne s'est bien développée en moi que longtemps après. Elle savait une quantité prodigieuse d'airs et de chansons qu'elle chantait avec un filet de voix fort douce. La sérénité d'âme de cette excellente fille éloignait d'elle et de tout ce qui l'environnait la rêverie et la tristesse. L'attrait que son chant avait pour moi fut tel, que non seulement plusieurs de ses chansons me sont toujours restées dans la mémoire, mais qu'il m'en revient même, aujourd'hui que je l'ai perdue, qui, totalement oubliées depuis mon enfance, se retracent à mesure que je vieillis, avec un charme que je ne puis exprimer.

C'est à Turin, à l'âge de seize ans, après votre conversion au catholicisme, en avril 1728, que, vous promenant dans la ville, vous entendez jouer à la cour des musiciens, pour la plupart élèves de Vivaldi. Vous redécouvrez alors votre passion pour la musique. Pourtant l'on vous retrouve pour deux mois au séminaire, poussé par votre tutrice, Mme de Warens, celle que vous nommez Maman. Vous vouliez devenir prêtre ?

J'allai au séminaire comme j'aurais été au supplice... J'y portai un seul livre que j'avais prié Maman de me prêter, et qui me fut d'une grande ressource... un livre de musique... Elle avait eu la complaisance de me donner quelques leçons de chant, et il fallut commencer de loin, car à peine savais-je la musique de nos psaumes. Huit ou dix leçons de femmes et fort interrompues, loin de me mettre en état de solfier, ne m'apprirent pas le quart des signes de la musique. Cependant, j'avais une telle passion pour cet art que je voulus essayer de m'exercer seul... On concevra quelle fut mon application et mon obstination quand je dirai que, sans connaître ni transposition ni quantité, je parvins à déchiffrer et chanter sans faute le premier récitatif et le premier air de la cantate d'Alphée et Aréthuse... on me rendit à Mme de Warens comme un sujet qui n'était pas même bon pour être prêtre.

Je rapportai chez elle en triomphe son livre de musique dont j'avais tiré si bon parti... Mon goût marqué pour cet art lui fit naître la pensée de me faire musicien : l'occasion était commode ; on faisait chez elle au moins une fois la semaine, de la musique, et le maître de musique de la cathédrale, qui dirigeait ce petit concert, venait la voir très souvent... Bref, j'entrai chez lui, et j'y passai l'hiver [1729]... On jugera bien que la vie de la maîtrise, toujours chantante et gaie, avec les musiciens et les enfants de chœur, me plaisait plus que celle du séminaire... Cependant cette vie, pour être plus libre, n'en était pas moins égale et réglée. J'étais fait pour aimer l'indépendance et pour n'en abuser jamais. Durant six mois entiers, je ne sortis pas une seule fois que pour aller chez Maman ou à l'église, et je n'en fus pas même tenté. Cet intervalle est un de ceux où j'ai vécu dans le plus grand calme, et que je me suis rappelés avec le plus de plaisir... Par exemple tout ce qu'on répétait à la maîtrise, tout ce qu'on chantait au chœur, tout ce qu'on y faisait... la figure des musiciens, un vieux charpentier boiteux qui jouait de la contrebasse, un petit abbé blondin qui jouait du violon... l'orgueil avec lequel j'allais, tenant ma petite flûte à bec, m'établir dans l'orchestre à la tribune pour un petit bout de récit que M. Le Maître avait fait exprès pour moi.

À quand remonte votre rencontre avec ce Venture qui faisait route en louant ses services de musicien et qui sera la cause, involontaire, de vos futures mésaventures ?

Je vivais à Annecy depuis près d'un an sans le moindre reproche... Un soir de février qu'il faisait bien froid, comme nous étions tous autour du feu, nous entendîmes frapper à la porte de la rue. Perrine prend sa lanterne, descend, ouvre ; un jeune homme entre avec elle, monte, se présente d'un air aisé... se donnant pour un musicien français que le mauvais état de ses finances forçait de vicarier pour passer son chemin... Tout marquait en lui un jeune débauché qui avait eu de l'éducation, et qui n'allait pas gueusant comme un gueux, mais comme un fou... Pendant le souper on parla de musique, et il en parla bien... C'était un samedi ; il y avait le lendemain musique à la cathédrale ; M. Le Maître lui proposa d'y chanter : très volontiers ; lui demande qu'elle est sa partie : la haute-contre... et il lui parle d'autre chose. Avant d'aller à l'église, on lui offrit sa partie à prévoir ; il n'y jeta pas les yeux. Cette gasconnade surprit Le Maître. « Vous verrez, me dit-il à l'oreille, qu'il ne sait pas une note de musique »... J'eus bientôt de quoi me rassurer. Il chanta ses deux récits avec toute la justesse et tout le goût imaginables, et, qui plus est, avec une très jolie voix.

Pour vous séparer de ce nouvel ami dont Mme de Warens craint la mauvaise influence, on vous envoie accompagner M. Le Maître dans sa fuite à Lyon ?

Tous les prêtres qui ont des laïques à leurs gages les traitent d'ordinaire avec assez de hauteur. C'est ainsi que les chanoines traitaient le pauvre Le Maître... Le chantre lui fit quelque passe-droit, et lui dit quelque parole dure que celui-ci ne put digérer. Il prit sur-le-champ la résolution de s'enfuir la nuit suivante, et rien ne put l'en faire démordre... il ne put renoncer au plaisir de se venger de ses tyrans, en les laissant dans l'embarras aux fêtes de Pâques, temps où l'on avait le plus grand besoin de lui.

Et quand le pauvre homme fait une crise d'épilepsie en pleine rue, vous l'abandonnez avec sa caisse à musique trop lourde pour lui, qui lui sera confisquée ? Laissons cela ! Mais vous voilà sans professeur ?

Je me mis en quête de faire à Lausanne le petit Venture, d'enseigner la musique que je ne savais pas, et de me dire de Paris, où je n'avais jamais été... Il s'était appelé Venture de Villeneuve, moi je fis l'anagramme du nom de Rousseau dans celui de Vaussore, et je m'appelais Vaussore de Villeneuve. Venture savait la composition, quoiqu'il n'en eût rien dit ; moi, sans la savoir, je m'en vantais à tout le monde, et, sans pouvoir noter le moindre vaudeville, je me donnai pour compositeur. Ce n'est pas tout, ayant été présenté à M. de T., professeur en droit qui aimait la musique et faisait des concerts chez lui, je voulus lui donner un échantillon de mon talent, et je me mis à composer une pièce pour son concert, aussi effrontément que si j'avais su m'y prendre. J'eus la constance de travailler pendant quinze jours à ce bel ouvrage, de le mettre au net, d'en tirer les parties, et de les distribuer avec autant d'assurance que si c'eût été un chef d'œuvre d'harmonie. Enfin... pour couronner dignement cette sublime production, je mis à la fin un joli menuet, qui courait les rues, et que tout le monde se rappelle peut-être encore... On s'assemble pour exécuter ma pièce. J'explique à chacun le genre du mouvement, le goût de l'exécution, les renvois des parties ; j'étais fort affairé. On s'accorde pendant cinq ou six minutes, qui furent pour moi cinq ou six siècles. Enfin, tout est prêt... On fait silence. Je me mets gravement à battre la mesure ; on commence... Non, depuis qu'il existe des opéras français, de la vie on n'ouït un semblable charivari... Les musiciens étouffaient de rire ; les auditeurs ouvraient de grands yeux, et auraient bien voulu fermer les oreilles ; mais il n'y avait pas moyen... j'eus la constance d'aller toujours mon train, suant, il est vrai, à grosses gouttes, mais retenu par la honte, n'osant m'enfuir et tout planter là... Mais ce qui mit tout le monde de bonne humeur fut le menuet. À peine eut-on joué quelques mesures, que j'entendis partir de toute part les éclats de rire. Chacun me félicitait sur mon joli goût de chant ; on m'assurait que ce menuet ferait parler de moi, et que je méritais d'être chanté partout. Je n'ai pas besoin de dépeindre mon angoisse ni d'avouer que je la méritais bien... Les suites d'un pareil début ne firent pas pour moi de Lausanne un séjour fort agréable. Les écoliers ne se présentaient pas en foule, pas une seule écolière, et personne de la ville.... Je sais seulement que, n'y trouvant pas à vivre, j'allai de là à Neuchâtel, et que j'y passai l'hiver... J'y eus des écolières... J'apprenais insensiblement la musique en l'enseignant.

Vous vous êtes improvisé compositeur, puis quelque temps plus tard, à Lyon, copiste, à un religieux, M.R., qui venait de vous entendre chanter dans la rue, après une nuit à la belle étoile. Encore un de vos tours ?

Il me demande si je n'ai jamais copié de la musique. « Souvent », lui dis-je. Et cela était vrai ; ma meilleure manière de l'apprendre était d'en copier... Il me conduisit dans une petite chambre que j'occupais, et où je trouvais beaucoup de musique qu'il avait copiée. Il m'en donna d'autre à copier... Je travaillais presque d'aussi bon cœur que je mangeais, et ce n'est pas peu dire... Quelques jours après, M. R., que je rencontrai dans la rue, m'apprit que mes parties avaient rendu la musique inexécutable, tant elles s'étaient trouvées pleines d'omissions, de duplications et de transpositions... L'ennui d'un long travail me donne des distractions si grandes que je passe plus de temps à gratter qu'à noter... Je fis donc très mal en voulant bien faire, et pour aller vite j'allais tout de travers.

Après tout ce périple à pied, qui vous fit même traverser Paris, vous voilà de retour à Chambéry près de Mme de Warens pour plusieurs années, cette fois. Et la musique durant ce temps ?

Il faut absolument que je sois né pour cet art, puisque j'ai commencé de l'aimer dès mon enfance, et qu'il est le seul que j'ai aimé constamment dans tous les temps. Ce qu'il y a d'étonnant est qu'un art pour lequel j'étais né m'ait néanmoins tant coûté de peine à apprendre, et avec des succès si lents qu'après une pratique de toute ma vie, jamais je n'ai pu parvenir à chanter sûrement tout à livre ouvert... La musique était pour nous un point de réunion dont j'aimais à faire usage. Elle ne s'y refusait pas ; j'étais alors à peu près aussi avancé qu'elle ; en deux ou trois fois, nous déchiffrions un air...

Les opéras de Rameau commençaient à faire du bruit, et relevèrent ses ouvrages théoriques que leur obscurité laissait à la portée de peu de gens. Par hasard, j'entendis parler de son Traité de l'harmonie, et je n'eus point de repos que je n'eusse acquis ce livre [que] je dévorais... mais il était si long, si diffus, si mal arrangé qu'il me fallait un temps considérable pour l'étudier et le débrouiller... Il fallait se former l'oreille à tout cela : je proposai à Maman un petit concert tous les mois ; elle y consentit... ni jour ni nuit je ne m'occupais d'autre chose ; et réellement cela m'occupait, et beaucoup, pour rassembler la musique, les concertants, les instruments, tirer les parties, etc.. On peut juger combien cela était beau ! pas tout à fait comme chez M. de T. ; mais il ne s'en fallait guère... Je ne laissais pas d'étudier mon Rameau ; et à force d'efforts je parvins enfin à l'entendre et à faire quelques petits essais de composition dont le succès m'encouragea... Au fond, je savais fort bien la musique ; je ne manquais que de cette vivacité du premier coup d'œil que je n'eus jamais sur rien, et qui ne s'acquiert en musique que par une pratique consommée... quelques livres [d'Italie] me donnèrent du goût pour l'histoire de la musique et pour les recherches théoriques de ce bel art...

Je n'avais pas abandonné la musique en cessant de l'enseigner ; au contraire, j'en avais assez étudié la théorie pour pouvoir me regarder au moins comme savant en cette partie. En réfléchissant à la peine que j'avais eue d'apprendre à déchiffrer la note, et à celle que j'avais encore à chanter à livre ouvert, je vins à penser que cette difficulté pouvait bien venir de la chose autant que de moi, sachant surtout qu'en général apprendre la musique n'était pour personne une chose aisée. En examinant la constitution des signes, je les trouvais souvent fort mal inventés. Il y avait longtemps que j'avais pensé à noter l'échelle par chiffres, pour éviter d'avoir toujours à tracer des lignes et portées lorsqu'il fallait noter le moindre petit air. J'avais été arrêté par les difficultés des octaves et par celles de la mesure et des valeurs. Cette ancienne idée me revint dans l'esprit, et je vis, en y repensant, que ces difficultés n'étaient pas insurmontables. J'y rêvais avec succès, et je parvins à noter quelque musique que ce fût par mes chiffres avec la plus grande exactitude, et je puis dire avec la plus grande simplicité. Dès ce moment, je crus ma fortune faite, et... je ne songeai qu'à partir pour Paris, ne doutant pas qu'en présentant mon projet à l'Académie je ne fisse une révolution... En quinze jours ma résolution fut prise et exécutée... je partis de Savoie avec mon système de musique.

Vous avez alors trente ans en arrivant à Paris et en vous présentant devant l'Académie des Sciences. La musique fait-elle votre fortune ?

J'arrivai à Paris dans l'automne de 1741, avec quinze louis d'argent comptant, ma comédie de Narcisse et mon projet de musique pour toute ressource, et ayant par conséquent peu de temps à perdre pour tâcher d'en tirer parti. Je me pressai de faire valoir mes recommandations. Un jeune homme qui arrive à Paris avec une figure passable, et qui s'annonce par des talents, est toujours sûr d'être accueilli. Je le fus ; cela me procura des agréments sans me mener à grand'chose...

Durant mes conférences avec ces Messieurs, je me convainquis, avec autant de certitude que de surprise, que si quelquefois les savants ont moins de préjugés que les autres hommes, ils tiennent, en revanche, encore plus fortement à ceux qu'ils ont...

J'étais toujours ébahi de la facilité avec laquelle, à l'aide de quelques phrases sonores, ils ... réfutaient sans m'avoir compris... ma simple et commode invention pour noter aisément par chiffres toute musique imaginable, clefs, silences, octaves, mesures, temps et valeurs des notes... Sitôt qu'ils voulurent parler du fond du système ils ne firent plus que déraisonner. Le plus grand avantage du mien était d'abroger les transpositions et les clefs, en sorte que le même morceau se trouvait noté et transposé à volonté, dans quelque ton qu'on voulût, au moyen du changement supposé d'une seule lettre initiale à la tête de l'air. Ces messieurs avaient ouï dire aux croque-sol de Paris que la méthode d'exécuter par transposition ne valait rien : ils partirent de là pour tourner en invincible objection, contre mon système, son avantage le plus marqué ; et ils décidèrent que ma note était bonne pour la vocale, et mauvaise pour l'instrumentale. Sur leur rapport, l'Académie m'accorda un certificat plein de très beaux compliments, à travers lesquels on démêlait, pour le fond, qu'elle ne jugeait mon système ni neuf ni utile. Je ne crus pas devoir orner d'une pareille pièce l'ouvrage intitulé : Dissertation sur la musique moderne, par lequel j'en appelais au public.

J'eus lieu de remarquer en cette occasion combien, même avec un esprit borné, la connaissance unique, mais profonde, de la chose est préférable, pour en bien juger, à toutes les lumières que donne la culture des sciences, lorsqu'on n'y a pas joint l'étude particulière de celle dont il s'agit. La seule objection solide qu'il y eût à faire à mon système y fut faite par Rameau. À peine le lui eus-je expliqué qu'il en vit le côté faible... L'objection me parut sans réplique, et j'y convins à l'instant : quoiqu'elle soit simple et frappante, il n'y a qu'une grande pratique de l'art qui puisse la suggérer, et il n'est pas étonnant qu'elle ne soit venue à aucun académicien... Au lieu de me livrer au désespoir, je me livrai tranquillement à ma paresse et aux soins de la providence.

Vous aviez fait à Chambéry et à Lyon deux opéras. N'était-il pas temps de les ressortir ?

J'avais eu le bon sens de [les] jeter au feu... Cette fois, avant de me mettre la main à l'œuvre, je me donnais le temps de méditer mon plan... j'intitulai cet opéra les Muses galantes... Je m'essayai d'abord sur le premier Acte, et je m'y livrai avec une ardeur qui pour la première fois me fit goûter les délices de la verve dans la composition. Un soir, prêt d'entrer à l'Opéra, me sentant tourmenté... je cours m'enfermer chez moi, je me mets au lit après avoir bien fermé tous mes rideaux pour empêcher le jour d'y pénétrer, et là, me livrant à tout l'être poétique et musical, je composai rapidement en sept ou huit heures la meilleure partie de mon acte... Il ne resta le matin dans ma tête qu'une bien petite partie de ce que j'avais fait : mais ce peu presque effacé par la lassitude et le sommeil ne laissait pas de marquer encore l'énergie des morceaux dont il offrait les débris. Pour cette fois je ne poussai pas fort loin ce travail, en ayant été détourné par d'autres affaires.

Il s'agit sans doute de votre mésaventure comme secrétaire d'ambassade à Venise. Oublions-la aussi, mais dites-nous quand même quelques mots de la vie musicale dans cette ville.

J'avais apporté de Paris le préjugé qu'on a dans ce pays là contre la musique italienne ; mais j'avais aussi reçu de la nature cette sensibilité de tact contre laquelle les préjugés ne tiennent pas. J'eus bientôt pour cette musique la passion qu'elle inspire à ceux qui sont faits pour en juger... et bientôt je m'engouai tellement de l'opéra, qu'ennuyé de babiller, manger et jouer dans les loges quand je n'aurais voulu qu'écouter, je me dérobais souvent à la compagnie pour aller d'un autre côté. Là tout seul enfermé dans ma loge, je me livrais malgré la longueur du spectacle au plaisir d'en jouir à mon aise et jusqu'à la fin... Une musique à mon gré bien supérieure à celle des opéras et qui n'a pas sa semblable en Italie ni dans le reste du monde est celle des Scuole... des maisons de charité établies pour donner l'éducation à des jeunes filles sans bien, et que la République dote ensuite, soit pour le mariage soit pour le cloître. Parmi les talents qu'on cultive dans ces jeunes filles, la

musique est au premier rang. Tous les dimanches à l'église de ces quatre Scuole on a durant les Vêpres des motets à grand cœur et en grand orchestre, composés et dirigés par les plus grands maîtres de l'Italie, exécutés, dans des tribunes grillées, uniquement par des filles dont la plus vieille n'a pas vingt ans. Je n'ai l'idée de rien d'aussi voluptueux, d'aussi touchant que cette musique : les richesses de l'art, le goût exquis des chants, la beauté des voix, la justesse de l'exécution, tout dans ces délicieux concerts concourt à produire une impression qui n'est assurément pas du bon costume, mais dont je doute qu'aucun chœur d'hommes soit à l'abri...
La musique en Italie coûte si peu de chose que ce n'est pas la peine de s'en faire faute quand on a du goût pour elle. Je louai un clavecin, et pour un petit écu j'avais chez moi quatre ou cinq symphonistes avec lesquels je m'exerçais une fois la semaine à exécuter les morceaux qui m'avaient fait le plus de plaisir à l'Opéra. J'y fis essayer quelques symphonies de mes Muses galantes. Soit qu'elles plussent ou qu'on voulût me cajoler, le Maître des Ballets de St. Jean Chrysostome m'en fit demander deux que j'eus le plaisir d'entendre exécuter par cet admirable orchestre.

Qu'arriva-t-il lors de votre retour à Paris, après dix-huit mois passés à Venise ?

En moins de trois mois mon opéra tout entier fut fait, paroles et musique... il s'agit d'en tirer parti : c'était un autre opéra bien plus difficile... M. de la Poplinière... le mécène de Rameau... dit là-dessus qu'on pouvait le lui faire entendre et m'offrit de rassembler des musiciens pour en exécuter des morceaux ; je ne demandais pas mieux. Rameau consentit en grommelant, et répétant sans cesse que ce devait être une belle chose que de la composition d'un homme qui n'était pas enfant de la balle, et qui avait appris la musique tout seul. Je me hâtai de tirer en parties cinq ou six morceaux choisis. On me donna une dizaine de symphonistes et [trois] chanteurs... Rameau commença, dès l'ouverture, à faire entendre, par ses éloges outrés, qu'elle ne pouvait être de moi. Il ne laissa passer aucun morceau sans donner des signes d'impatience ; mais à un air de haute-contre, dont le chant était mâle et sonore et l'accompagnement très brillant, il ne put plus se contenir ; il m'apostropha avec une brutalité qui scandalisa tout le monde, soutenant que ce qu'il venait d'entendre était d'un homme consommé dans l'art, et le reste d'un ignorant qui ne savait pas même la musique ; et il est vrai que mon travail, inégal et sans règle, était tantôt sublime et tantôt très plat, comme doit être celui de quiconque ne s'élève que par quelques élans de génie et que la science ne soutient pas. Rameau prétendit ne voir en moi qu'un petit pillard sans talent et sans goût. Les assistants, et surtout le maître de la maison, ne pensèrent pas de même. M. de Richelieu... ouït parler de mon ouvrage, et voulut l'entendre en entier, avec le projet de le faire donner à la cour, s'il en était content. Il fut exécuté à grand chœur et en grand orchestre, aux frais du roi, chez M. de B. L'effet en fut surprenant... M. le duc... me dit des choses flatteuses sur mes talents, et me parut toujours disposé à faire donner ma pièce devant le Roi... mais tandis que j'achevais de la mettre en état, une autre entreprise suspendit l'exécution de celle-là...

Le drame de Voltaire intitulé La princesse de Navarre, dont Rameau avait fait la musique... venait d'être changé et réformé sous le nom des Fêtes de Ramire. Ce nouveau sujet demandait plusieurs changements aux divertissements de l'ancien, tant dans les vers que dans la musique... M. de Richelieu pensa à moi.

C'est à cette occasion que vous écrivez à Voltaire pour demander la permission de toucher à ses paroles et qu'il vous la donne fort aimablement, semblant faire peu de cas de sa petite esquisse ?

Qu'on ne soit pas surpris de la grande politesse de cette lettre, comparée aux autres lettres demi-cavalières qu'il m'a écrites depuis ce temps-là. Il me crut en grande faveur auprès de M. de Richelieu, et la souplesse courtisane qu'on lui connaît l'obligeait à beaucoup d'égards pour un nouveau venu... Autorisé par M. de Voltaire et dispensé de tous égards pour Rameau, qui ne cherchait qu'à me nuire, je me mis au travail, et en deux mois ma besogne fut faite. Elle se borna, quant aux vers, à fort peu de choses... Mon travail en musique fut plus long et plus pénible. Outre que j'eus à faire plusieurs morceaux d'appareil, et entre autres l'ouverture, tout le récitatif dont j'étais chargé se trouva d'une difficulté extrême, en ce qu'il fallait lier, souvent en peu de vers et par des modulations très rapides, des symphonies et des chœurs dans des tons forts éloignés ; car, pour que Rameau ne m'accusât pas d'avoir défiguré ses airs, je n'en voulus changer ni défigurer aucun. Je réussis à ce récitatif. Il était bien accentué, plein d'énergie, et surtout excellemment modulé... et je puis dire que dans ce travail ingrat et sans gloire, dont le public ne pouvait pas même être informé, je me tins presque toujours à côté de mes modèles.

La pièce, dans l'état où je l'avais mise, fut répétée au grand théâtre de l'Opéra. Des trois auteurs, je m'y trouvai seul. Voltaire était absent, et Rameau n'y vint pas ou se cacha... Durant la répétition, tout ce qui était de moi fut successivement improuvé par Mme de la Poplinière, et justifié par M. de Richelieu. Mais enfin, j'avais affaire à trop forte partie, et il me fut signifié qu'il y avait à refaire à mon travail plusieurs choses sur lesquelles il fallait consulter M. Rameau. Navré d'une conclusion pareille, au lieu des éloges que j'attendais, et qui certainement m'étaient dus, je rentrai chez moi, la mort dans le cœur. J'y tombai malade, épuisé de fatigue, dévoré de chagrin, et de six semaines je ne fus en état de sortir.

Rameau, qui fut chargé des changements indiqués par Mme de la P., m'envoya demander l'ouverture de mon grand opéra pour la substituer à celle que je venais de faire. Heureusement je sentis le croc-en-jambe, et je la refusai. Comme il n'y avait plus que cinq ou six jours jusqu'à la représentation, il n'eut pas le temps d'en faire une, et il fallut laisser la mienne. Elle était à l'italienne, et d'un style très nouveau pour lors en France. Cependant, elle fut goûtée, et j'appris... que les amateurs avaient été très contents de mon ouvrage, et que le public ne l'avait pas distingué de celui de Rameau. Mais... sur les livres qu'on distribue aux spectateurs, et où les auteurs sont toujours nommés, il n'y eut de nommé que Voltaire, et Rameau aima mieux que son nom fût supprimé que d'y voir associé le mien.

Comme le duc de Richelieu venait de partir envahir l'Écosse, il ne vous revit pas de sitôt ?

Ne l'ayant plus jamais revu depuis lors, j'ai perdu l'honneur que méritait mon ouvrage, l'honoraire qu'il devait me produire, et mon temps, mon travail, mon chagrin, ma maladie et l'argent qu'elle me coûta, tout cela fut à mes frais, sans me rendre un sol de bénéfice, ou plutôt de dédommagement.

Et votre tentative de faire répéter de nouveau votre pièce des *Muses galantes*, à l'Opéra, avec un chef médiocre, malgré des applaudissements après certaines parties, ne vous satisfait pas ?

Elle n'était pas en état de paraître sans de grandes corrections. Ainsi je la retirai sans mot dire et sans m'exposer au refus ; mais je vis clairement par plusieurs indices que l'ouvrage, eût-il été parfait, n'aurait pas passé. Francueil m'avait bien promis de le faire répéter, mais non pas de le faire recevoir. Il me tint exactement parole... Ce dernier mauvais succès acheva de me décourager. J'abandonnai tout projet d'avancement et de gloire ; et... je consacrai mon temps et mes soins à me procurer ma subsistance et celle de ma Thérèse.

Et puis, après votre projet de feuille périodique, *Le Persifleur*, qui ne vit jamais le jour et que votre ami Diderot devait vous aider à rédiger, il y eut *l'Encyclopédie* dirigée par le même ?

Celui-ci voulut me faire entrer pour quelque chose dans cette seconde entreprise, et me proposa la partie de la musique, que j'acceptai, et que j'exécutai très à la hâte et très mal, dans les trois mois qu'il m'avait donné comme à tous les auteurs qui devaient concourir à cette entreprise ; mais je fus le seul qui fut prêt au terme prescrit.

Vos rapports avec les philosophes n'ont jamais été simples, mais vous irez plusieurs fois jusqu'à Vincennes à pied pour y rendre visite à Diderot, emprisonné pour sa Lettre sur les aveugles ?

Cette année 1749, l'été fut d'une chaleur excessive... Je m'avisai, pour modérer mon pas, de prendre... le Mercure de France et tout en marchant et le parcourant, je tombai sur cette question proposée par l'académie de Dijon pour le prix de l'année suivante : si le progrès des sciences et des arts a contribué à corrompre ou à épurer les mœurs.

À l'instant de cette lecture, je vis un autre univers, et je devins un autre homme... Diderot l'aperçut... Il m'exhorta de donner de l'essor à mes idées, et de concourir au prix. Je le fis, et dès cet instant je fus perdu. Tout le reste de ma vie et de mes malheurs fut l'effet inévitable de cet instant d'égarement.

Mais pourquoi donc ? La reconnaissance mondaine que vous cherchiez dans la musique vous viendra de vos écrits philosophiques. Pourquoi ce soudain dédain pour le luxe ?

Dans l'indépendance où je voulais vivre, il fallait cependant subsister. J'en imaginai un moyen très simple : ce fut de copier de la musique à tant la page... ce talent était de mon goût, et le seul, qui, sans assujettissement personnel, pût me donner du pain au jour le jour, je m'y tins... Je crus avoir gagné beaucoup à ce choix, et je m'en suis si peu repenti, que je n'ai quitté ce métier que par force, pour le reprendre aussitôt que je pourrai. Le succès de mon premier discours me rendit l'exécution de cette résolution plus facile.

Mais la composition ? N'aviez-vous plus de projet ?

[Un] matin... je fis quelque manière de vers très à la hâte, et j'y adaptai des chants qui me vinrent en les faisant... Les trois morceaux que j'avais esquissés étaient le premier monologue... l'air du Devin... et le dernier duo... J'imaginais si peu que cela valût la peine d'être suivi, que, sans les applaudissements et les encouragements de [mes hôtes], j'allais jeter au feu mes chiffons et n'y plus penser... mais ils m'excitèrent si bien, qu'en six jours mon drame fut écrit, à quelques vers près, et toute ma musique esquissée, tellement que je n'eus plus à faire à Paris qu'un peu de récitatif et tout le remplissage, et j'achevai le tout

avec une telle rapidité, qu'en trois semaines mes scènes furent mises au net et en état d'être représentées... Malheureusement [ma pièce], était dans un genre absolumnt neuf, auquel les oreilles n'étaient point accoutumées ; et d'ailleurs, le mauvais succès des Muses galantes me faisait prévoir celui du Devin, si je le présentais sous mon nom. Duclos me tira de la peine, et se chargea de faire essayer l'ouvrage en laissant ignorer l'auteur... et les petits violons qui la dirigèrent ne surent eux-mêmes quel en était l'auteur qu'après qu'une acclamation générale eut attesté la bonté de l'ouvrage. Tous ceux qui l'entendirent en étaient enchantés, au point que dès le lendemain, dans toutes les sociétés, on ne parlait d'autre chose.

Finalement, votre opéra marche plutôt bien. Il faut juste faire réécrire par un autre votre récitatif qui sonnait trop neuf dans sa première manière. Et tout le monde se retrouve à Fontainebleau pour l'entendre et vous applaudir. Quel effet cela vous fit-il d'être enfin reconnu ?

J'entendais autour de moi un chuchotement de femmes qui me semblaient belles comme des anges... Le plaisir de donner de l'émotion à tant d'aimables personnes m'émut moi-même jusqu'aux larmes... J'ai vu des pièces exciter de plus vifs transports d'admiration, mais jamais une ivresse aussi pleine, aussi douce, aussi touchante, régner dans tout un spectacle, et surtout à la cour, un jour de première représentation...

Le même soir, M. le duc d'A. me fit dire de me trouver au château le lendemain sur les onze heures, et qu'il me présenterait au Roi... Que deviendrais-je en ce moment et sous les yeux de toute la cour, s'il allait m'échapper dans mon trouble quelqu'une de mes balourdises ordinaires ? Ce danger m'alarma, m'effraya, me fit frémir au point de me déterminer, à tout risque, à ne pas m'y exposer. Je perdais, il est vrai, la pension qui m'était offerte en quelque sorte ; mais je m'exemptais aussi du joug qu'elle m'eût imposé. Adieu la vérité, la liberté, le courage. Comment oser désormais parler d'indépendance et de désintéressement ? Il ne fallait plus que flatter ou me taire, en recevant cette pension...

Deux jours après... Diderot me parla de la pension avec un feu que sur pareil sujet je n'aurais pas attendu d'un philosophe... je devais la solliciter et l'obtenir à quelque prix que ce fût. Quoique je fusse touché de son zèle, je ne pus goûter ses maximes, et nous eûmes à ce sujet une dispute très vive, la première que j'aie eue avec lui ; et nous n'en avons jamais eu que de cette espèce, lui me prescrivant ce qu'il prétendait que je devais faire, et moi m'en défendant, parce que je croyais ne le devoir pas...

Le carnaval suivant 1753, Le Devin fut joué à Paris et j'eus le temps, dans cet intervalle, d'en faire l'ouverture et le divertissement... J'ôtai le récitatif de J., et je remis le mien tel que je l'avais fait d'abord, et qu'il est gravé ; et ce récitatif, un peu francisé, je l'avoue, c'est-à-dire traîné par les acteurs, loin de choquer personne, n'a pas moins réussi que les airs, et a paru, même au public, tout aussi bien fait pour le moins.

C'était le début de vos inimitiés avec les philosophes qui semblaient jaloux de vos deux succès coup sur coup, vous qui n'étiez pas un enfant de la balle et qui ne vouliez pas accepter les règles du jeu mondain. Ainsi quand le baron d'Holbach semble vous tendre un piège en vous invitant à vous servir dans un recueil de pièces de clavecin composées pour lui et connues de lui seul. Pourquoi être tombé dedans ?

Ayant dans la tête des sujets d'airs et de symphonies beaucoup plus que je n'en pouvais employer, je me souciais très peu des siens. Cependant, il me pressa tant, que par complaisance je choisis une pastorale que j'abrégeai, et que je mis en trio... Quelques mois après, et tandis qu'on représentait Le Devin, entrant un jour chez Grimm, je trouvai du monde autour du clavecin, d'où il se leva brusquement à mon arrivée. En regardant machinalement sur son pupitre, j'y vis ce même recueil du baron d'Holbach ouvert précisément à cette même pièce qu'il m'avait pressé de prendre, en m'assurant qu'elle ne sortirait jamais de ses mains. Quelque temps après je vis encore ce même recueil ouvert sur le clavecin de M. d'E., un jour qu'il avait musique chez lui. Grimm ni personne ne m'a jamais parlé de cet air, et je n'en parle ici moi-même que parce qu'il se répandit quelque temps après un bruit que je n'étais pas l'auteur du Devin du Village. Comme je ne fus jamais un grand croque-note, je suis persuadé que sans mon Dictionnaire de Musique on aurait dit à la fin que je ne la savais pas.

Ce qui explique que dans vos *Dialogues*, vous reveniez si longuement sur la paternité de cette partition qui vous tient tant à cœur. Faut-il y voir un rapport avec la querelle des deux coins ?

Quelque temps avant qu'on donnât Le Devin du Village, il était arrivé à Paris des bouffons italiens qu'on fit jouer sur le théâtre de l'Opéra sans prévoir l'effet qu'ils y allaient faire... La comparaison de ses deux musiques, entendues le même jour, sur le même théâtre, déboucha les oreilles françaises. Il n'y en eut point qui pût endurer la traînerie de leur musique, après l'accent vif et marqué de l'italienne. Sitôt que les bouffons avaient fini, tout s'en allait. On fut forcé de changer l'ordre, et de mettre les bouffons à la fin... Le seul Devin du Village soutint la comparaison, et plus encore après la Serva padrona. Quand je composai mon intermède..., ce furent eux qui m'en donnèrent l'idée, et j'étais bien éloigné de prévoir qu'on les passerait en revue à côté de lui. Si j'eusse était un pillard, que de vols seraient alors devenus manifestes, et combien on eût pris soin de les faire sentir ! Mais rien... et tous mes chants, comparés aux prétendus originaux, se sont trouvés aussi neufs que le caractère de musique que j'avais créé...

Les bouffons firent à la musique italienne des sectateurs très ardents... Son petit peloton se rassemblait à l'Opéra, sous la loge de la Reine. L'autre parti remplissait tout le reste du parterre et de la salle ; mais son foyer principal était sous la loge du Roi. Voilà d'où vinrent ces noms de partis célèbres, dans ce temps-là, de Coin du Roi et de Coin de la Reine. La dispute, en s'animant, produisit des brochures. Le coin du Roi voulut plaisanter ; il fut moqué par Le Petit Prophète : il voulut se mêler de raisonner : il fut écrasé par la Lettre sur la musique française.

On a cru que les deux écrits étaient de vous, alors que le premier était de Grimm et fut pris en plaisanterie. Qu'en fut-il du vôtre ?

La Lettre sur la musique fut prise au sérieux, et souleva contre moi toute la nation qui se crut offensée dans sa musique... C'était le temps de la grande querelle du Parlement et du Clergé. Le Parlement venait d'être exilé ; la fermentation était au comble : tout menaçait d'un prochain soulèvement. La brochure parut ; à l'instant toutes les autres querelles furent oubliées ; on ne songea qu'au péril de la musique française, et il n'y eut plus de soulèvement que contre moi. Il fut tel que la nation n'en est jamais bien revenue. À la cour on ne balançait qu'entre la Bastille et l'exil, et la lettre de cachet allait être expédiée, si M. de Voyer n'en eût fait sentir le ridicule. Quand on lira que cette brochure a peut-être empêché une révolution dans l'État, on croira rêver...

Si l'on n'attenta pas à ma liberté, l'on ne m'épargna pas du moins les insultes ; ma vie même fut en danger. L'orchestre de l'Opéra fit l'honnête complot de m'assassiner quand j'en sortirais. On me le dit ; je n'en fus que plu assidu à l'Opéra ; et je ne sus que longtemps après que M. Ancelet, officier des mousquetaires, qui avait de l'amitié pour moi, avait détourné l'effet du complot en me faisant escorter à mon insu à la sortie du spectacle. La Ville venait d'avoir la direction de l'Opéra. Le premier exploit du prévôt des marchands fut de me faire ôter mes entrées... en me les faisant refuser publiquement à mon passage... L'injustice était d'autant plus criante, que le seul prix que j'avais mis à ma pièce, en la leur cédant, était mes entrées à perpétuité...

Je n'avais là-dessus qu'un parti à prendre ; c'était de réclamer mon ouvrage, puisqu'on m'en ôtait le prix convenu... je joignis à ma lettre un mémoire... qui demeura sans réponse et sans effet, ainsi que ma lettre... C'est ainsi qu'on a gardé ma pièce à l'Opéra, en me frustrant du prix pour lequel je l'avais cédée. Du faible au fort, ce serait voler ; du fort au faible, c'est seulement s'approprier le bien d'autrui...

Quoiqu'il ne m'ait pas rapporté le quart de ce qu'il aurait rapporté dans les mains d'un autre... cet intermède, qui ne me coûta jamais que cinq ou six semaines de travail, me rapporta presque autant d'argent, malgré mon malheur et ma balourdise, que m'en a depuis rapporté l'Émile, qui m'avait coûté vingt ans de méditation et trois ans de travail. Mais je payai bien l'aisance pécuniaire où me mit cette pièce, par les chagrins infinis qu'elle m'attira. Elle fut le germe des secrètes jalousies qui n'ont éclaté que longtemps après. Depuis son succès, je ne remarquai plus ni dans Grimm, ni dans Diderot, ni dans presque aucun des gens de lettres de ma connaissance, cette cordialité, cette franchise, ce plaisir de me voir, que j'avais cru trouver en eux jusqu'alors. Dès que je paraissais chez le baron, la conversation cessait d'être générale. On se rassemblait par petits pelotons, on se chuchotait à l'oreille, et je restais seul sans savoir à qui parler... Pour moi, je crois que mes dits amis m'auraient pardonné de faire des livres, et d'excellents livres, parce que cette gloire ne leur était pas étrangère ; mais qu'ils ne purent me pardonner d'avoir fait un opéra, ni les succès brillants qu'eut cet ouvrage, parce qu'aucun d'eux n'était en état de courir la même carrière, ni d'aspirer aux mêmes honneurs.... Je n'avais pas un sou de rente : mais j'avais un nom, des talents ; j'étais sobre, et je m'étais ôté les besoins les plus dispendieux, tous ceux de l'opinion. Outre cela, quoique paresseux, j'étais laborieux cependant quand je voulais l'être ; et ma paresse était moins celle d'un fainéant, que celle d'un homme indépendant, qui n'aime à travailler qu'à son heure. Mon métier de copiste de musique n'était ni brillant ni lucratif ; mais il était sûr. On me savait gré dans le monde d'avoir eu le courage de le choisir. Je pouvais compter que l'ouvrage ne me manquerait pas, et il pouvait me suffire pour vivre, en bien travaillant.

C'est cette jalousie qui vous poussa définitivement vers la philosophie en vous faisant concourir de nouveau pour l'académie de Dijon, sur la question de l'inégalité parmi les hommes, que vous allez développer pendant plus de quinze ans. Mais votre travail de compositeur ne s'arrêta pas là, et dans le deuxième dialogue, vous recensez « un acte entier » de votre opéra *Daphnis et Cloé*, une « seconde musique presque en entier » du *Devin*, « plus de cent morceaux de musique en divers genres, la plupart vocale avec des accompagnements ». Quant au travail de copiste qui vous permit de vivre, en six ans, il se monte à « six mille pages de musique de harpe, de clavecin ou solo et concerto de violon », sans oublier votre intérêt toujours constant pour la théorie, musicale et philosophique, pendant ce moment de calme dû à l'hospitalité du maréchal de Luxembourg, qui vous permit la rédaction de l'*Émile* et du *Contrat social* vers 1760, semble-t-il ?

Outre ces deux livres et mon Dictionnaire de Musique, auquel je travaillais toujours de temps en temps, j'avais quelques autres écrits de moindre importance, tous en état de paraître... Le principal... était un Essai sur l'origine des langues que je fis lire à M. de M. et au chevalier de L., qui m'en dit du bien.

Vous racontez d'ailleurs dans vos dialogues que M. d'Alembert inclut vos articles pour l'Encyclopédie dans la partie mathématique dont il était chargé, mais qu'il les réutilisa dans ses *Éléments de Musique* et dans son *Dictionnaire des Beaux Arts*. Et quand vous reprendrez cette vulgarisation de la théorie de Rameau une dizaine d'années plus tard, pour la mettre au propre et la formuler à votre manière, et selon votre pensée, dans votre *Dictionnaire de Musique* qui paraîtra en 1768, d'Alembert en profitera pour sortir une nouvelle édition de ses *Éléments* avec des augmentations. Précisons encore que l'intitulé exact du titre de l'ouvrage que vous mentionnez en dernier est : *Essai sur l'origine des langues, où il est parlé de la Mélodie, et de l'Imitation musicale*.

Je vous propose de clore cet entretien[49] pour aujourd'hui en vous remerciant de votre amabilité.

---

49 Toutes les réponses de Rousseau proviennent des *Confessions*.

Chapitre 2
Chanson sociale, chanson de lutte et culture populaire.

Chanson populaire, chanson traditionnelle. Tout un ensemble assez flou qui mérite d'être précisé : chanson rurale ou citadine, paysanne ou ouvrière, chanson sociale, de vie, de métier ou de lutte. Mais surtout s'agit-il d'une création individuelle, ou collective et anonyme? Pour cela, il faut remonter dans l'histoire et suivre les différents modes de la chanson française à travers les époques en suivant les principes de l'acclimatation et de l'improvisation.

La tradition populaire.

Dans sa préface à *La poésie populaire,* Claude Roy s'appuie sur le travail d'un des premiers ethnomusicologues français, Patrice Coirault, dont il résume à grands traits l'enquête. La poésie populaire vient souvent d'un texte ancien, œuvre première d'un jongleur, d'un chanteur de rue, d'un chansonnier, d'un poète ou d'un musicien inconnu ou reconnu, et qui s'est trouvée adoptée par son auditoire, en quoi elle est l'œuvre du peuple qui nous l'a transmise.
Y compris des chansons de cour comme *Il pleut il pleut bergère*, écrite par Fabre d'Églantine pour prévenir Marie Antoinette de l'orage qui vient, et dont la mélodie, le "timbre", va servir dix ans plus tard à de nombreuses chansons révolutionnaires. Un bel exemple d'acclimatation.

> "Patrice Coirault, qui est le Sherlock Holmes de la chanson, a patiemment suivi à la trace [...] des centaines de chansons

françaises. À beaucoup d'entre elles, il est parvenu à donner un père, un auteur, un premier responsable. [Il] a fait émerger de l'ombre les figures de ces trousseurs de couplets qui se nommèrent, au Moyen Âge, Quatrœufs, Brisepot, Passereau, Simple d'Amour, ou au XVIIe Attrape Premier, Belhumeur, Saint Ange, Sans rémission."[50]

La mémoire populaire, active et créatrice, recueille, renomme, modifie, recrée, diffuse ou oublie sur le principe de la transmission orale et de l'acclimatation. Contrairement à la tradition écrite qui fige les mots, les mélodies et les accumule sans avoir à tenir compte des capacités de la mémoire. C'est justement la tradition orale qui permet de comprendre le caractère collectif et anonyme d'une chanson apprise et plus ou moins bien retenue par quelqu'un, sinon modifiée, mélodie et texte, puis transmise à d'autres qui l'oublieront ou la transmettront à leur tour, modifiée à nouveau comme en attestent les nombreuses versions éparpillées dans les provinces, et dans le monde aussi. Claude Roy donne ainsi l'exemple des chansons de métamorphose où l'amoureux éconduit se transforme en différents objets ou êtres à mesure que sa promise lui échappe. Ce qu'il retrouve dans de nombreux pays, y compris dans un blues entendu à San Francisco. C'est le signe que l'homme, de façon universelle, essaie d'échapper à sa pauvre condition, y compris en chanson. La thématique principale reste celle de la chanson courtoise héritée du Moyen Âge, où l'amour des uns est le seul remède au désamour des autres, surtout les filles séduites puis délaissées.

Cependant cette poésie populaire collectée par les romantiques au XIXe siécle est essentiellement paysanne, d'où son caractère collectif et anonyme. Quand les chansons viennent du répertoire urbain, à la suite d'un voyage en ville ou de la conscription, elles se fondent très vite dans le creuset traditionnel des chansons d'amour et de fête, en oubliant tous les caractères de leur création.

---

50 Roy Cl., *La poésie populaire,* Seghers 1954, p.11-12.

On peut ici élargir le processus aux marins, artisans, compagnons du tour de France, apprentis, ouvriers, barbiers, boutiquiers, marchands ambulants, colporteurs, musiciens de rue, écrivains publics dont le rôle dans la transmission et la modification permet de comprendre à la fois l'universalité des chansons populaires, et leurs multiples variantes dans les régions, mais aussi les pays du monde humain.

Les chansons de compagnons et de marins sont sans doute celles qui en disent le plus sur la vie quotidienne. Elles sont rares, pour les plus anciennes, en apparence du moins, à protester ou revendiquer. On peut penser que les collectages faits par les folkloristes romantiques sous le Second Empire, en triant les textes à éditer, en oubliant ceux trop contestataires et peu esthétiques à leurs yeux, ont perdu une partie de la mémoire orale de la France d'alors.

Par exemple cette chanson de terre-neuvas, très engagée, comme la célèbre *Adieu cher camarade*, a été collectée dans les années 70 en Seine-Maritime par le groupe Jolie Brise :

> *Ceux qu'ont nommés les bancs les ont bien mal nommés*
> *ils en font des louanges, n'y ont jamais été*
> *s'ils faisaient une campagne comme nous venons de faire*
> *ils diraient que Saint-Pierre c'est un pays d'enfer.* [...]
>
> *La traversée finie sus le banc il faut mouiller*
> *deux hommes dans chaque doris la morue faut pêcher*
> *quand on revient à bord si l'on n'est pas chargé*
> *on vous envoie au diable doris et dorissiers !* [...]
>
> *Quand la pêche est finie à Saint-Pierre faut aller*
> *décharger la morue que nous avons pêchée*
> *nos officiers nous disent « allons dépêchez vous ! »*
> *Les forçats de Cayenne sont plus heureux que nous.* [...]

Chanson et vaudeville.

Il semblerait que le XVIe siècle développe un nouveau style de chanson, jusque-là dominé par la veine courtoise. C'est le début d'une nouvelle tradition chansonnière dont le Manuscrit de Bayeux, publié vers 1514, est un bon exemple. On y trouve bien sûr les chansons d'amour, mais aussi les chansons à boire, à rire, à aider au travail (*Dieu merci j'ai bien labouré*), à pester contre les impôts excessifs comme par exemple :

> *A la duché de Normandie il y a si grand pillerie.*
> *Ils viennent par grand ruderie demander ce que n'avons mye,*
> *Et nous donnent mainct horion. encor faut il que l'on leur die :*
> *« Mes bons seigneurs, je vous en prie, prenez tout ce que nous avons »*[51]

Cette tradition, en partie à l'origine de toutes les chansons dites de vaudeville, nous viendrait d'un foulon de drap de Vire, au sud de Caen, Olivier Basselin, bon vivant et buveur de vin et de cidre. Ses disciples ont donné à ses chansons et aux leurs le nom de vaux de Vire bientôt déformé en vaudeville. Qu'importe que ses chansons aient été collectées ou inventées par Jean le Houx un siècle plus tard, puisque, imprimée au XVIe, elles sont à l'origine de la tradition des chansonniers du Caveau puis des goguettes, chansons bachiques, épicuriennes et satiriques donnant naissance, durant la Révolution Française, à la chanson politique et sociale.

La Révolution française.

Au XVIIIe, les sociétés successives du Caveau réunissent des chansonniers issus de la bourgeoisie et de l'aristocratie éclairées qui composent de nombreuses œuvres de toutes formes, y compris politiques. Ces textes sont publiés numérotés, en référence à un recueil de mélodies, de " timbres", qui servent de base musicale pour ceux qui ne savent pas ni lire ni composer.
À partir de 1789, les sections patriotiques comme la tribune de l'assemblée, le Pont Neuf, les théâtres et les fêtes commémoratives résonnent de nombreux chants à la gloire de la

---

51 Certains de ces textes, consultables sur Internet, ont été enregistrés par le groupe folk Sélune et l'ensemble classique Convivencia.

République, de la révolution, du peuple... Trois mille cinq cents textes sont recensés par le musicologue Constant Pierre ! Parmi tous ces chansonniers, la veuve Ferrand écrivit contre la fuite du roi, et pour *Le divorce*. Le citoyen Piis est connu pour *l'Inutilité des prêtres* ou la *Liberté des nègres*(1794).

Le saviez-vous Républicains/Quel sort était le sort du nègre ?
Qu'à son rang parmi les humains/Un sage décret réintègre
Il était esclave en naissant/Puni de mort pour un seul geste.
On vendait jusqu'à son enfant./Le sucre était teint de son sang.
Daignez m'épargner tout le reste, (bis) [...]
Seriez-vous moins intéressants/Aux yeux des Républicains blancs ?
La couleur tombe, et l'homme reste ! (bis)

La chanson républicaine va alors développer une deuxième tradition de la culture populaire, moins anonyme, moins traditionnelle, plus écrite, dans laquelle les révoltes et les revendications du peuple, puis des ouvriers resteront dans la mémoire, même une fois oubliées.
La Carmagnole, le *Ça ira* et *La Marseillaise* restent les plus connues, non seulement pour leurs textes, mais aussi pour leurs airs repris dans de nombreuses variantes au cours des révolutions et des luttes à venir.

Tavernes et goguettes.

Même si l'Empire et la Restauration étouffent momentanément cette vague d'hymnes et de chansons, l'habitude est prise et se perpétue au besoin dans les sous sols ou arrières salles des tavernes, sur le modèle du Caveau, permettant à la chanson d'évoluer et de se diversifier. Épicurisme et esprit critique y font bon ménage dans les effluves de vin et de tabac. Dans ces goguettes sont discutées les théories saint-simoniennes, le socialisme de Proudhon et de Fourier.
Ces lieux où s'est préparée la révolution de 1848 vont disparaître après le coup d'État, sauf la Lice Chansonnière qui va résister plus d'un siècle, et quarante ans plus tard permettre, en 1884,

l'édition des *Chants révolutionnaires* d'Eugène Pottier qui fera connaître enfin le texte de l'Internationale, sans doute perdu autrement.

Tous ces textes à dimension politique et sociale peuvent se diffuser et s'apprendre facilement, tout en ayant une dimension éducative importante pour ceux qui ne font que les entendre au fond d'un café (une goguette par rue de Paris disait-on) ou dehors.

Dans son article *Musique populaire et musique savante au XIXe siècle*,[52] Sophie-Anne Leterrier précise qu'au début du XIXe, en 1830, il y avait à Paris, 271 musiciens ambulants, 106 joueurs d'orgue de barbarie et 135 chanteurs recensés par la préfecture de police, sans oublier 220 saltimbanques. Dans les goguettes, les musiciens jouent du piano, de la guitare, de la harpe, et les airs célèbres ou à la mode servent à lancer de nouveaux chants.

Serge Dillaz constate, dans *La chanson française de contestation* : *Il serait sans doute erroné d'affirmer que la chanson socio-politique est venue du peuple (50 % de conscrits illettrés en 1835, 39 % en 1850).*

D'abord animée par la petite bourgeoisie intellectuelle sous la restauration, l'origine sociale en devient plus populaire sous la monarchie de juillet.

> "Les ouvriers des vieux métiers, moins déshumanisés par les conséquences du capitalisme, deviendront les porte-parole du prolétariat. C'est parmi les imprimeurs, ébénistes, charpentiers, chapeliers, tailleurs, cordonniers, que se recruteront les militants ouvriers nécessaires à la pensée socialiste."[53]

Il insiste sur l'importance, autour de 1848, de la pensée de Fourier sur Eugène Pottier et d'autres, la chanson permettant aux doctrines socialistes et à leur critique sociale de se développer. L'ancien canut compositeur et musicien Pierre Dupont y créa en

---

52 Leterrier S.A. *Revue d'histoire du XIXe,* 19/1999 (accessible sur Internet).
53 Dillaz S,. *La chanson française de contestation,* Seghers 1973, p.15.

1846, pour trinquer dans les banquets républicains qui précédèrent la révolution de 1848, son *Chant des ouvriers*. Marx en cite d'ailleurs le premier couplet en note du Capital.

Nous dont la lampe le matin/Au clairon du coq se rallume,
Nous tous qu'un salaire incertain/Ramène avant l'aube à l'enclume
Nous qui des bras, des pieds, des mains/De tout le corps luttons sans cesse,
Sans abriter nos lendemains/Contre le froid de la vieillesse.
Refrain
Aimons-nous et quand nous pouvons
Nous unir pour boire à la ronde,
Que le canon se taise ou gronde,
Buvons, buvons, buvons !
À l'indépendance du monde ![...]

Orphéons et chorales ouvrières.

Si le peuple écoute chanter dans la rue et peut reprendre les refrains dans les goguettes, il ne faut pas oublier les chorales populaires, les orphéons, créés par Wilhem à partir de 1819. Il peut y apprendre à lire et à chanter la musique, dans un mouvement d'éducation populaire et associatif voulu et soutenu à la fois par les philanthropes libéraux qui prônent l'éducation mutualiste, et par les émules de Saint-Simon qui prônent un socialisme chrétien. Comme le note Philippe Gomplowicz :

> "Selon toutes les apparences, certains des premiers orphéonistes avaient été des saint-simoniens... En 1864, un article de la Nouvelle France Chorale s'attaque encore à « ceux qui veulent entraîner l'orphéon sur le terrain social, politique, saint-simonien. »[54]

Sophie Anne Leterrier ajoute dans son article *Musique populaire et musique savante au XIXe siècle* :

---

54 Gomplowicz Ph., *Les travaux d'Orphée,* Aubier 1987.

> "La Lice chansonnière est une vitrine de la propagande saint-simonienne à la fin des années 1830. Certains saint-simoniens militèrent pour son enseignement populaire […] Le mouvement saint-simonien fut donc le catalyseur du changement dans la vie musicale contemporaine. Les fouriéristes s'engagèrent plus modestement dans le même sens, mais c'est à eux que l'on doit l'école gratuite de musique pour les « classes industrielles et ouvrières de la capitale » ouverte en 1831 et son cours de chant pour les ouvriers."[55]

Et l'on comprend assez bien en quoi cette organisation bien réglée, harmonieuse, peut à la fois convenir au bourgeois philanthrope et à l'utopiste socialiste, qui ont toujours en référence le modèle de la République de Platon, où sont bannies les musiques trop libres, et où les musiques basées sur les bonnes harmonies permettent d'encadrer au mieux les citoyens, comme le rappelle un traité du Conservatoire de musique de l'époque. D'où l'importance du répertoire, de l'uniforme, des règlements et des amendes, comme dans les fanfares, avec particulièrement *cette infraction que mentionnent toutes les sociétés musicales : engager une discussion politique et religieuse.*[56].

Mais certaines chorales sont liées aux associations syndicales ou politiques, comme par exemple la Lyre des travailleurs de Lille. Maurice Dommanget, historien de la mémoire ouvrière, raconte comment, courant 1888, lors d'un répétition du samedi soir, Pierre Degeyter y reçoit le livre de Pottier, publié en 1884, qu'il parcourt le lendemain :

> "Tout de suite, les strophes de l'Internationale frappent, soulèvent, inspirent le militant socialiste. Au début de l'après-midi, Pierre s'installe à l'harmonium et enchaîne une à une les paroles de Pottier sur un rythme qui lui vient. Vers quatre heures, la musique est composée : il ne reste plus qu'à la mettre à l'épreuve."[57]

---

55 Leterrier S.A. *Revue d'histoire du XIXe,* 19/1999 (accessible sur Internet).
56 Cité par Ph. Gomplowicz dans *Les travaux d'Orphée,* Aubier 1987.
57 Dommanget M. *De la Marseillaise à l'Internationale,* Librairie populaire 1938, Chap. 5 (accessible sur Internet).

Ce qu'il fait le lendemain suivant avec quelques camarades, à la sortie de l'atelier, dans un coin d'estaminet, où l'air est retouché et approuvé. Et c'est la Lyre qui va l'éditer à 6000 exemplaires.

On connaît la suite : ce chant écrit sous la 1re internationale des travailleurs sur l'air de la Marseillaise, mis en musique sous la deuxième internationale, deviendra l'hymne mondial de la troisième internationale, et d'autres aussi.

Fanfares et harmonies.

Si les fanfares et les harmonies populaires, qui prendront aussi le nom d'orphéon à la fin XIXe, semblent peu relayer l'identité et les revendications ouvrières, on peut sans doute proposer plusieurs pistes d'explication.

D'abord le coût des instruments oblige les musiciens ouvriers a s'inscrire dans des harmonies financées par l'argent des notables ou des édiles pour qui ce geste philanthropique va permettre d'amener la musique au petit peuple et de contribuer à l'apaisement civil dans l'effacement des tensions sociales, en particulier grâce aux concours et aux déplacements entre villages.

Ensuite l'inscription dans une tradition militaire et commémorative, depuis la Révolution avec, en 1792 la création de l'Institut National de Musique, permet à la bourgeoisie de canaliser et contrôler le répertoire et, par l'uniforme, le règlement, la discipline, le comportement des musiciens ouvriers. Chanter ou jouer d'une même voix commune, sans improvisation individuelle ou solo comme dans les cabarets ou les théâtres, lieux de perdition de la classe ouvrière... Comme le confirme le règlement de cette fanfare dijonnaise : *L'ordre est la base de toute réunion, les orphéonistes doivent se soumettre au règlement qui s'appuie sur trois éléments: l'ordre, le silence et l'attention.*[58]

---

[58] Cité par Ph. Gomplowicz dans *Les travaux d'Orphée,* Aubier 1987.

Enfin, l'histoire troublée du XIXe, pour les mouvements républicains puis socialistes, montre le contrôle permanent de la police sur les manifestations publiques, et s'il est possible de chanter au fond d'une cave un répertoire interdit dans la rue, il est beaucoup plus difficile de répéter discrètement avec des cuivres et des tambours ce même répertoire.

Pourtant, à la fin du siècle, certaines fanfares affirment une orientation politique républicaine et anticléricale. On trouve dans le Nord une « fanfare d'union démocratique », une « harmonie syndicale et ouvrière » et un « orphéon des travailleurs ».

Philippe Gomplowicz relate aussi que le 22 janvier 1901, le « Réveil social des travailleurs » de Sanvignes les Mines dans le bassin minier de Blanzy, près du Creusot, a interprété, devant 10 000 personnes brandissant des drapeaux rouges, l'*Internationale* et *les Pioupious d'Auvergne*. Cette fanfare a été créée deux ans auparavant à la suite d'une grève, pour se distinguer de l'Harmonie de la mine de l'abbé Béraud, et de la Société des amis réunis, et pour pouvoir défiler en musique lors des manifestations et bientôt le 1er mai.

Sur le même thème, dans son travail d'enquête sur l'histoire du mouvement ouvrier aux archives du Calvados, Pierre Coftier a noté que, à la fin du XIXe, devant l'église Saint-Pierre de Caen, où le cercle ouvrier encadré par le curé clamait des cantiques, les ouvriers républicains ripostaient avec *la Marseillaise*.

Chansons de lutte.

La tradition chansonnière du siècle dernier va se perpétuer grâce aux organisations syndicales et politiques. L'édition musicale et la vente de partitions dans les rues changeront en partie les règles de la tradition orale sans la faire disparaître.

Ainsi, certaines chansons sont connues pour leurs auteurs comme Eugène Pottier (*L'internationale*), Jean Baptiste Clément (*Le temps des cerises*), Charles d'Avray (*Le Triomphe de l'Anarchie*) Monthéus (*Gloire au 17e*), les ouvriers Pierre

Dupont (*Le chant des ouvriers*), Eugène Chatelain (*Vive la Commune*) Alexis Bouvier (*La canaille*) Gaston Couté (*Un gâs qu'a mal tourné, la Révision*) et par l'édition qui en a perpétué la mémoire.

Avec souvent un emprunt de musiques déjà connues comme celles de *La Carmagnole, La Marseillaise, La bonne aventure*, ou encore à une autre chanson oubliée aujourd'hui.

Ainsi, sur la musique du *Chant des paysans* de Pierre Dupont, Jean Baptiste Clément a écrit *La semaine sanglante*(1871) :

> *Sauf des mouchards et des gendarmes/On ne voit plus par les chemins,*
> *Que des vieillards tristes en larmes/Des veuves et des orphelins.*
> *Paris suinte la misère/Les heureux mêmes sont tremblants.*
> *La mode est aux conseils de guerre/Et les pavés sont tous sanglants.*

Refrain
> *Oui mais !Ça branle dans le manche/Les mauvais jours finiront.*
> *Et gare ! à la revanche/Quand tous les pauvres s'y mettront.(bis)*

Vive la Commune d'Eugène Chatelain, écrite en exil et publiée en 1886, se chante sur l'air de *La Bonne aventure* :

> *Je suis franc et sans souci/Ma foi, je m'en flatte !*
> *Le drapeau que j'ai choisi/ Est rouge écarlate.*
> *De mon sang, c'est la couleur/Qui circule dans mon cœur.*
> *Vive la Commune ! Enfants/Vive la Commune !*

> *Oui, le drapeau rouge est bien/Le plus bel emblème*
> *De l'ouvrier-citoyen/C'est pourquoi je l'aime.*
> *L'étendard du travailleur/Sera toujours le meilleur.*
> *Vive la Commune ! Enfants/Vive la Commune ! [...]*

L'Internationale d'Eugène Pottier, à l'origine est composée sur le timbre de *la Marseillaise*, en doublant le 4e ou 5e vers du couplet, puis en découpant le 3e vers du refrain : l'Inter, l'Inter, l'Internationale:

> *Debout ! les damnés de la terre/Debout ! les forçats de la faim*

> *La raison tonne en son cratère/C'est l'éruption de la fin (bis)*
> *Du passé faisons table rase/Foule esclave, debout ! debout !*
> *Le monde va changer de base/Nous ne sommes rien, soyons tout !*
> Refrain
> *C'est la lutte finale/Groupons nous et demain*
> *L'inter, l'inter, l'internationale/Sera le genre humain.*

Mais d'autres hymnes, comme *Le chant des Canuts*, même si il a été écrit par Aristide Bruant, anarchiste de cabaret, en 1899 comme une chanson historique, sont devenus quasiment anonymes, retrouvant ainsi leur force revendicative et prophétique.

> *Pour chanter « Veni Creator »/Il faut avoir chasuble d'or. (bis)*
> *Nous en tissons/Pour vous, gens de l'église,*
> *Mais nous pauvres canuts,/N'avons point de chemises.*
> *Nous sommes les Canuts/Nous allons tout nus. […]*
>
> *Nous tisserons/Le linceul du vieux monde,*
> *Car on entend déjà/La révolte qui gronde.*
> *Nous sommes les Canuts/Nous n'irons plus nus.*

Certains resteront complètement anonymes, comme ce chant anarchiste créé peut être collectivement pendant les grèves de Mégissiers en 1910 dans la région de Carmaux, puis repris par les sardinières en lutte à Douarnenez en 1924 :

> *Chaque matin, au lever de l'aurore/Voyez passer ces pauvres ouvriers,*
> *La face blême et fatigués encore/Où s'en vont-ils ? Se rendre aux atelier.*
> *Petits et grands les garçons et les filles/Malgré le vent, la neige et le grand froid,*
> *Jusqu'aux vieillards et les mères de famille/Pour le travail ils ont quitté leur toit*
>
> Refrain
> *Saluez riches heureux, ces pauvres en haillons,*
> *Saluez se sont eux, qui gagnent vos millions. […]*

Que lui faut-il à l'ouvrier qui travaille/Être payé le prix de sa sueur,
Vivre un peu mieux que couché sur la paille/un bon repos après son dur labeur,
Avoir du pain au repas sur la table/Pouvoir donner ce qu'il faut aux enfants,
Pour son repos, un peu de confortable/Afin qu'il puisse travailler plus longtemps

Ou encore, en 1917, la *Chanson de Craonne* qui avait d'abord été celle de Lorette en 1915 et de Verdun en 1916[59], que Paul Vaillant-Couturier et Henri Poulaille ont transcrite avant qu'elle ne se perde, sur l'air de *Bonsoir M'amour* .

Quand au bout d'huit jours le r'pos terminé/On va reprendre les tranchées,
Notre place est si utile/Que sans nous on prend la pile
Mais c'est bien fini, on en a assez/Personne ne veut plus marcher
Et le cœur bien gros, comm' dans un sanglot/On dit adieu aux civ'lots
Même sans tambours, même sans trompettes/On s'en va là-haut en baissant la tête

Refrain :
Adieu la vie, adieu l'amour/Adieu toutes les femmes
C'est bien fini, c'est pour toujours/De cette guerre infâme
C'est à Craonne sur le plateau/Qu'on doit laisser sa peau
Car nous sommes tous condamnés/Nous sommes les sacrifiés [...]

Ceux qu'ont l'pognon, ceux-là r'viendront/Car c'est pour eux qu'on crève
Mais c'est fini, car les trouffions/Vont tous se mettre en grève
Ce s'ra votre tour messieurs les gros/De monter sur l'plateau
Car si vous voulez faire la guerre/Payez-la de votre peau

En France, la chanson d'auteur, syndicale et politique, émergée au XIXe siècle, ne va pas se développer au-delà du début XXe. Les cafés-concerts, fondés sur la logique marchande du droit

---

59 Pénet M. dans *Entendre la guerre*, Gallimard/Historial de la Grande Guerre 2014, p.50.

d'auteur, vont remplacer les goguettes, et sont plutôt à l'origine d'une tradition dite rive gauche de la chanson française, intellectuelle et poétique, même si elle a su aussi s'engager à l'occasion, mais d'une autre façon.

Au contraire des États Unis, où la population d'immigrés se renouvelle perpétuellement, et pour laquelle Joe Hill[60], puis Woody Guthrie, les baladins syndicalistes, inventèrent la *protest song* pour informer et organiser les travailleurs précaires et exploités. Tradition reprise au moins jusqu'aux luttes pour les droits civiques et la guerre du Vietnam.

Quant aux événements historiques mondiaux (Révolution russe, guerre d'Espagne, coup d'État au Chili...), ils ont produit de multiples chants de luttes traduits et acclimatés partout dans le monde. Dans le répertoire des chansons de luttes en langue nationale se sont donc ajoutées au cours du XXe les chants popularisés par les chorales du style Armée rouge ou par des enregistrements divers (*La Varsovienne, Bandiera Rossa, Bella Ciao, Hasta Siempre, El Pueblo,Unido,...*).

Enfin, dans les luttes ouvrières ou étudiantes de la seconde moitié du XXe siècle, en France et ailleurs sans doute, la tradition de la chanson éphémère et anonyme a perduré : reprise d'un air connu ou d'un tube sur lequel on improvise des paroles de circonstances, distribuées sur des tracts colorés.

Mais les cortèges du XXIe siècle, avec leurs sonos tonitruantes, pourront-ils perpétuer cette tradition ?

---

60 Voir à son sujet le texte du surréaliste américain Franklin Rosemont, lisible sur le site de la CNT, lisible sur Internet.

Chapitre 3
La haine de la musique, « n'importe quelle musique » ?

Entendre et obéir.

En 1996, après avoir écrit *Tous les matins du monde* en 1991 et *La leçon de musique* en 1987, l'écrivain Pascal Quignard publiait dix *petits traités* sous le titre générique de *La haine de la musique*. Ce titre est précisément celui du VIIe traité, qui explicite, avec le IXe, *Désenchanter*, la trame implicite aux méditations de l'auteur.

« La musique est le seul, de tous les arts, qui ait collaboré à l'extermination des Juifs organisée par les Allemands de 1933 à 1945 [...] Il faut souligner, au détriment de cet art, qu'elle est le seul qui ait pu s'arranger de l'organisation des camps, de la faim, du dénuement, du travail, de la douleur, de l'humiliation, et de la mort [...] Il faut entendre ceci en tremblant. C'est en musique que ces corps nus entraient dans la chambre. »[61]

"La musique viole le corps humain. Elle met debout. Les rythmes musicaux fascinent les rythmes corporels. A la rencontre de la musique, l'oreille ne peut se fermer. La musique étant un pouvoir s'associe de fait à tout pouvoir. Elle est d'essence inégalitaire. Ouïe et obéissance sont liées. Un chef, des exécutants, des obéissants, telle est la structure que son exécution aussitôt met en place. Partout où il y a un chef et des exécutants, il y a de la musique."[62]

« Primo Levi a nommé «infernale» la musique [...] Ce fut pour augmenter l'obéissance et les souder tous dans la fusion

---
61 Quignard P., *La haine de la musique,* Calmann-Lévy 1996 p.215 et 19.
62 Quignard P., *ibid.,* p.221.

non personnelle, non privée, qu'engendre toute musique."⁶³

« Il n'y a pas deux « côtés » de la musique [...] Il y a une puissance qui fait simultanément retour sur elle même et métamorphose d'une façon similaire ceux qui la produisent en les plongeant dans la même obéissance rythmique, acoustique et corporelle. »⁶⁴

Ces trop courts extraits ne veulent pas résumer l'ensemble de la thèse, juste au contraire la cerner au milieu d'une écriture qui médite, qui tourne en spirale, semble s'égarer pour revenir sur elle même à chaque boucle.

Mais la cerner autour d'un point particulier, qui donne quand même son titre à l'ensemble, et qui revient constamment : *entendre et obéir, comment entendre la musique, n'importe quelle musique, sans lui obéir ?*⁶⁵ Puisqu'il n'y aurait pas *deux « côtés » de la* musique, et quand *toute musique, n'importe quelle musique* est désignée.

Pour justifier cette thèse extrême, la référence aux deux déportés, Simon Laks, le musicien et chef d'orchestre forcé de jouer, et Primo Levi, l'auditeur forcé d'entendre. Et une autre, constante, à Platon aussi :

« Platon ne pensa jamais à distinguer dans ses récits philosophiques la discipline, la guerre et la musique, la hiérarchie sociale et la musique... Cadence et mesure. La marche est cadencée, les coups de matraque sont cadencés, les saluts sont cadencés. » ⁶⁶

Platon: l'harmonie contre la mélodie.

Ce que l'auteur oublie de dire, c'est que si Platon ne semble pas distinguer la musique de la discipline, de la guerre, ou de la hiérarchie sociale, il distingue pourtant entre les musiques, les modes et les rythmes, c'est à dire *deux « côtés » de la* musique

---

63 Quignard P., *ibid.,* p.225-226.
64 Quignard P., *ibid.,* p.236.
65 Quignard P., *ibid.,* p.228.
66 Quignard P., *ibid.,* p.221.

Car il ne s'agit pas de *n'importe quelle musique* pour le philosophe grec, ce qu'il explique dans la République[67] au troisième livre. Il y a en bien deux, celle qui mène à l'obéissance, et l'autre, qui conduit à l'anarchie, c'est à dire *la plainte, l'ivresse, la mollesse et l'indolence*, ce qui exclut tous les modes musicaux des Grecs, sauf deux, le dorien et le phrygien, *ces deux harmonies, la violente et la volontaire*, qui permettent d'éduquer, donc de former convenablement les futurs gardiens de la Cité, l'un pour en faire un *brave engagé dans la bataille et dans toute autre action violente*, et l'autre pour en faire un *homme engagé dans une action pacifique... volontaire* [où il] *se conduit en toute circonstance avec sagesse et modération, content de ce qui lui arrive.*

Ce qui exclut aussi de la Cité idéale, avec la poésie, les *instruments à cordes nombreuses qui rendent toutes les harmonies*, c'est à dire tous les modes, et donc plutôt toutes les mélodies, sur le modèle de la flûte *qui peut émettre le plus de sons* et qui est donc le plus mélodique des instruments. Ne restent que les lyres et les cithares pour la ville, les syrinx pour les bergers, instruments harmoniques dont les notes sont fixées une fois pour toute par l'artisan, dans un accord, un mode et une harmonie préétablis donc. Car la flûte, au début, ravit l'âme et l'adoucit dans sa part irascible et fait fredonner de joie. Mais, si on se laisse trop prendre à ce charme, c'est le courage qui fond et le jeune homme devient *guerrier sans vigueur*[68].

Pour purifier la cité, il reste à trier les rythmes, ceux qui favorisent les vices, l'arythmie, et ceux qui favorisent le bien par l'eurythmie. *Il me semble, en effet, que ce sont là les avantages que l'on attend de l'éducation par la musique,* confirme à Socrate son interlocuteur. Et Platon continue :

> « Il faut que ceux qui ont charge de la cité s'attachent à ce que l'éducation ne s'altère point à leur insu et... prennent garde que rien de nouveau, touchant la gymnastique et la

---

67 Platon, *La République*, III 398c-403a, GF 1966, p.150-155.
68 Platon, *Op.cit.*, p.163.

musique, ne s'y introduise contre les règles établies [...] car il est à redouter que le passage à un nouveau genre musical ne mette tout en danger. Jamais, en effet, on ne porte atteinte aux formes de la musique sans ébranler les plus grandes lois des cités ».[69]

Pas n'importe quelle musique donc, entre la trop mélodique, ludique et arythmique, et la bien harmonisée, eurythmique, pour dresser le citoyen idéal hors des vices, de la lâcheté, de l'indolence, de la paresse, bref dans l'obéissance civique.

Rousseau : la mélodie avant l'harmonie.

Sur quoi Rousseau renchérit à propos de cette division musicale, mais de l'autre point de vue, en s'en prenant au musicien platonicien le plus influent de son époque, Jean Philippe Rameau.
Car pour Rousseau, qui en prendra le total contre-pied, la musique, du moins comme mélodie, ne relève ni de la science ni de la simple nature, mais bien de l'humain, de la perfectibilité, sur le modèle de l'improvisation qui permet à l'homme de devenir vraiment humain et libre, comme il l'explique dans un chapitre du *Contrat social*, en quittant l'animalité bornée, stupide et soumise à l'instinct.

D'où les deux derniers chapitres de *l'Essai sur l'origine des langues et de la mélodie* où la prédominance de l'harmonie sur la mélodie, de la philosophie sur l'émotion, va amener à l'asservissement progressif des hommes : *Aussi, dès que la Grèce fut pleine de sophistes et de philosophes, n'y vit-on plus de poètes ni de musiciens célèbres. En cultivant l'art de convaincre, on perdit celui d'émouvoir.*[70]
D'où la conclusion du chapitre XX : *Il y a des langues favorables à la liberté ; ce sont les langues sonores,*

---

69 Platon, *ibid.* 424c , p.175-176.
70 Rousseau J.J., *Ecrits sur la musique*, op.cit., p.244.

prosodiques, harmonieuses, dont on distingue le discours de fort loin.[71] *Harmonieuses* étant sans doute synonyme de mélodiques, si l'on suit son argument qui explique comment *les harmoniques des sons firent oublier les inflexions de la voix*[72].

Deux « côtés » de la musique donc, et deux conceptions philosophiques que ne distingue pas Quignard dans sa haine « de toute musique ».
Les marches, les fanfares militaires, les chants martiaux harmonisés sans individualisation ni improvisation, relèvent bien de la « vraie » musique nazie comme les œuvres purement allemandes dont Wagner fut le meilleur exemple à imposer au monde. Quant aux fox trot, et autres airs populaires joués dans les camps, selon un témoignage, ils n'étaient sans doute qu'une version très édulcorée, sinon germanisée et atrocement sautillante d'une musique qu'on interdisait dans la plupart des États régionaux et dont on pourchassait ailleurs les musiciens, qu'ils soient juifs, noirs, tziganes ou zazous.

Si cette distinction des deux « côtés » de la musique peut expliquer le rôle de son côté obscur dans les camps de la mort, sans conclure à une haine globale pour autant, reste la question de la façon dont elle était perçue par les victimes, interprètes et auditeurs tous déportés, contraints et forcés.
Car la musique, quelle qu'elle soit, harmonique ou mélodique, sublime ou nulle, embrigadante ou libératrice, quand on l'entend là où on ne souhaite pas l'entendre, quand on l'impose quand on voudrait le silence et la paix dans un tel univers de mort et de déchéance, comment l'auteur peut-il s'étonner des réactions de rejet de cette musique, de ceux qui la jouent, même contraints, semblant mieux portants que ceux qui l'entendent. Eux voudraient ne pas suivre son rythme et s'évader de cette cadence imposée et infernale, et ne peuvent supporter cette illusion de beauté et de douceur qui devient mensonge odieux dans un tel contexte, ce que savent bien les bourreaux nazis, les bons aryens

---

71 Rousseau J.J., *ibid.*, p.249.
72 Rousseau J.J., *ibid.*, p.248.

pervers. D'où les témoignages de Primo Levi, de Simon Laks et de tous les autres cités qui ne sont pas, en soi, surprenants. Toute création humaine, la musique aussi, peut être « infernale » dans les situations infernales.

Quand à l'affirmation qui ouvre *Désenchanter,* le VIIIe traité, *Le fascisme est lié au haut-parleur*[73], aussitôt rapportée à la musique, elle devient problématique. Le fascisme a besoin des haut-parleurs pour ses discours, pour hurler les ordres, pour faire hurler les sirènes (pas celles d'Ulysse), mais pour les chants guerriers, il a l'amplification de la foule. Et aujourd'hui, ces mêmes objets servent au Mali à interdire la musique profane, à la rendre au silence, à la noyer sous les psalmodies du Coran. Parce qu'elle est désobéissance justement.
Et quand le haut-parleur hurle aux oreilles des prisonniers de Guantánamo un thème de hard-rock, un air classique ou une chanson enfantine pour les rendre fous, peut-on encore parler de musique ? Soyons sérieux.

D'autant que, vingt ans après, les « jeunes » ne se baladent plus avec leur gros *sound* machine, mais ont plutôt tendance à se replier sur eux mêmes, coupés du monde et des autres par les écouteurs de leur MP3.
C'est du moins ce qu'écrirait ce genre d'auteur, qui regrette le temps passé, les cloches, les coqs, le tableau noir, le silence de la campagne. *Quand la musique était rare, sa convocation était bouleversante comme sa séduction vertigineuse.*[74]
Elle était aussi réservée à une petite élite, et la plupart des gens n'en profitaient pas, sauf quand une fanfare jouait, ou un violoneux. Les autres, ceux qui savaient lire pouvaient acheter une partition et se la chanter, ou la jouer, s'ils avaient un instrument, il y a un peu plus d'un siècle. La démocratisation consumériste a bien des défauts, sans doute, mais quel plaisir de pouvoir accéder à la musique aussi facilement, pour ceux qui ne savent pas la lire et n'y auraient pas eu droit alors.

---

73 Quignard P., *op.cit.,*.p.273.
74 Quignard P., *ibid.,* p.277.

Quignard termine quand même son VIIe traité intitulé *La haine de la musique* par les témoignages sur ceux qui ont composé, jusqu'à leur mort, des berceuses ou des sonates, et pour qui faire de la musique avait encore une valeur positive, nécessaire et libératrice, sans revenir pour autant sur ses affirmations précédentes bien définitives, ni sur le titre général. Et dans son roman, *Villa Amalia*, il semble concevoir la possibilité de la musique avec son personnage de compositrice affrontant sa propre mélodie existentielle.

Improvisation et imagination mélodique.

Pour prolonger Rousseau, la mélodie comme improvisation, d'abord comme individualisation des voix musicales, a permis l'apparition du contre chant dans le chœur grégorien, des voix solistes dans l'opéra après l'harmonie trop construite du madrigal, des voix fuguées qui s'individualisent en se décalant les unes par rapport aux autres, des voix du concerto en dialogue avec l'orchestre... Monteverdi, Corelli, Bach, Vivaldi, bien sûr, et pour changer un peu un musicien français des Lumières, Michel Corrette, directeur d'école (dont les élèves étaient moqués comme « ânes à Corrette » par les musiciens reconnus et sérieux), auteur de treize méthodes et de nombreux concertos « comiques » dont les thèmes, inspirés d'airs populaires, permettent les subtiles variations des instruments solistes les plus divers (flûte traversière, musette, vielle à roue, orgue, violon...) joués entre les actes des vaudevilles.

Un siècle plus tard, dans le gospel, la syncope va jouer avec l'harmonie trop obéissante des cantiques. Enfin, c'est avec le blues et le jazz que l'improvisation vocale puis instrumentale continue le processus d'individualisation des voix musicales, en particulier grâce au rôle du cinématographe qui amenait un grand nombre de pianistes à improviser devant les nouveaux films qu'ils découvraient en même temps que le public, accompagnant les images au grès de leurs émotions pour couvrir le bruit du projecteur. On l'a vu déjà, Louis Armstrong, chanteur de rue à 12 ans, va devenir trompettiste à la Nouvelle Orléans, puis s'affranchira vers 1925 de l'improvisation collective, très cadrée, propre à ce premier jazz, pour devenir le premier vrai soliste de jazz, et le premier chanteur à improviser en *scat*. Ray Charles, lui, a laïcisé, érotisé et individualisé l'expression collective et chorale du gospel.

De même, un grand orchestre de jazz n'est pas une fanfare, ni une harmonie comme on nomme les orchestres de cuivres, mais un écrin instrumental pour les différents solistes, écrin qui doit autant à Duke Ellington qu'à Maurice Ravel, quand on veut bien voir que leurs musiques et leurs timbres n'ont pu que se développer en parallèle, avant de se trouver mêlés ensuite dans les arrangements de Gil Evans, dont ceux, magnifiques, pour Miles Davis. Et le concerto en sol de Ravel reste très prisé des jazzmen par sa partie de piano qui semble avoir été autant improvisée que composée, ce qui renouvelle les couleurs de la partition.

L'individualisation en jeu dans la musique se retrouve aussi dans la danse populaire qui va de la ronde collective aux danses à figures avant de s'individualiser totalement avec le jerk dans les années soixante, où chacun peut danser seul, avec ou au milieu des autres. Sans parler de l'écoute, d'abord collective (fêtes, messes...), puis sélective (salles de spectacles...) puis individualisée (radio, électrophone, baladeur à K7, numérique, avant la greffe audio?).

Dans l'improvisation, la voix soliste, instrumentale ou vocale, s'appuie sur la grille d'accords des musiques populaires d'aujourd'hui (blues, jazz, folk, rock...) pour mieux s'en détacher, s'en libérer et évoluer dans de multiples variations encore jamais entendues par l'auditeur et le musicien lui-même. S'il ne triche pas en répétant ce qu'il a repris ailleurs, il se laisse emporter de façon à la fois lyrique et virtuose, dans un équilibre éphémère qui définit l'improvisation inspirée, c'est à dire réussie, mêlant citations et innovations dans un mouvement qui explique l'évolution de ces musiques depuis à peine plus d'un siècle. Dans le très beau texte de Julio Cortazar, *L'homme à l'affût,* à la fin des *armes secrètes*, le musicien, fortement inspiré de Charlie

Parker, décrit une expérience avec le temps, propre au soliste de jazz.

L'improvisation, comme synonyme de la perfectibilité sur le modèle de l'imagination mélodique, permet de penser l'histoire sur le mode de l'instable et de l'imprévisible, et non seulement sur celui du pré-écrit, préétabli, prédestiné des philosophies de l'histoire qui relèvent peut-être, elles, de la composition seulement effectuée selon les règles préétablies, pré-écrites de l'harmonie et du contrepoint, simples reflets platoniciens d'une Musique Idéale. L'harmonie ne doit pas être prééminente, pour éviter la cadence et l'obéissance inconditionnelle aux règles.

C'est le double jeu entre la contrainte harmonique et l'imagination mélodique, entre composition et improvisation, qui permet au musicien autant qu'à l'auditeur de connaître une expérience musicale.

Dans son livre, *Le jazz : un modèle pour apprendre*[75], Charles Calamel, lui même musicien, développe un questionnement foisonnant sur la question de l'appartenance et de la différence produite par l'adoption d'un style de musique marqué par l'oralité (non pas celle d'avant l'écrit, mais celle qui prime sur l'écrit), liée à l'improvisation, par le swing, mais aussi par une vision du monde métissée, ouverte à l'autre, à ses apports.

En fait ces propos ne concernent pas seulement les musiciens, mais aussi les simples amateurs, « musiciens sans instruments », qui s'impliquent dans leur passion et bougent, applaudissent, sifflent, rythment du pied et des mains, commentent pour rajouter au plaisir et le faire durer un peu plus. Et si le fait de rejouer une mélodie passée en l'actualisant par l'improvisation est une victoire sur le temps qui fuit, le fait de la réentendre autrement vaut aussi pour l'auditeur « initié », qu'il soit noir ou blanc.

En décalage avec les propos de Malcom X du 28 juin 1964 concernant un jazz spécifiquement noir, à l'époque du *free jazz* :

> « Le musicien blanc peut jouer s'il a une partition devant lui. Il peut improviser à partir de quelque chose qu'il a entendu auparavant. Mais le musicien noir, lui, prend son instrument

---

[75] Calamel Ch., *Le jazz : modèle pour apprendre*, L'Harmattan 2012.

et souffle des sons auxquels il n'avait pas pensé avant. Il improvise, il crée et cela vient de l'intérieur. C'est son âme, c'est la musique de son âme.»

Dans cette volonté de pousser l'improvisation dans ses limites extrêmes, peut-être qu'au delà des premiers moments d'enthousiasme libertaire, les années soixante-dix n'ont pas été la période la plus riche du jazz, délaissé alors par beaucoup.

En ce début de XXIe siècle, les musiciens reviennent au *free jazz*. Mais comme l'expliquait Michel Claude Jalard en 1986 dans *Le jazz est-il encore possible*, à propos du jazz *cool* et *west coast* des années cinquante, les musiciens blancs s'étaient approprié le *be-bop* noir en en conservant la virtuosité, le plaisir de jouer, mais en laissant de côté sa dimension protestataire. Et c'est peut-être un peu la même chose avec le jazz libertaire actuel, qui n'est pas exclusif des autres styles.

Le retour à la fin des années soixante-dix au jazz mixte, celui dans lequel les musiciens blancs avaient appris « fraternellement » l'improvisation au milieu des musiciens noirs, a permis un retour du public, à partir de thèmes mélodiques communs à la culture du musicien et de l'auditeur, condition d'une expérience musicale en partie partagée, quand tout le monde ne peut pas être musicien.

Sans oublier les « passeurs », ces musiciens comme Eric Dolphy, John Coltrane, Charles Mingus ou Sonny Rollins, entre autres, qui ont su nous faire partager leur expérience musicale extrême, parce qu'ils jouaient avec les limites plus qu'ils ne les abolissaient, sur le principe du jeu avec la contrainte, en art, qui permet à l'artiste de construire, d'affirmer, de vérifier et de développer sa liberté créatrice.

> « Autant pour Ornette Coleman, le langage jazzistique doit être subverti, piétiné, pour permettre une expression radicale de son Moi, autant pour Coltrane ce langage doit être exploité dans son propre sens […] jusqu'à une réalité musicale inouïe, qui, renversant l'équilibre, pourrait investir l'improvisateur lui même. »[76]

---

76 Jalard M.Cl., *Le jazz est-il encore possible?*, Parenthèses 1986.

Les deux « côtés » de la musique.

Si la musique est d'abord une émotion, avant d'être un calcul, l'improvisation est un risque, et une altération, au sens positif et musical du terme, qui change la note, qui fait évoluer la gamme, qui transforme le musicien.

Ce que savaient bien les nazis dont l'amour de « *la musique la plus raffinée et la plus complexe* » refusait toute musique classique atonale, hors des règles classiques, ou populaire d'origine prolétarienne, juive, tzigane, ou noire bien sûr !

Si l'on interdit le jazz nègre, si des ennemis du peuple composent une musique intellectuelle privée d'âme et de cœur, sans trouver d'auditeurs en Allemagne, ces décisions ne sont pas arbitraires, écrit Fritz Stege dans *La situation actuelle de la musique allemande* - 1938 .

A rapprocher de ce passage fort éclairant[77], de Jdanov en 1948 version stalinienne du fanatisme musical :

> « Nous avons affaire à une lutte très aiguë... entre deux tendances. L'une représente dans la musique soviétique une base saine [...] fondée sur la reconnaissance du rôle énorme joué par l'héritage classique [...] et des liens organiques profonds avec le peuple. La deuxième tendance exprime un formalisme étranger à l'art soviétique, le rejet de l'héritage classique sous le couvert d'un faux effort vers la nouveauté, le rejet du caractère populaire de la musique, le refus de servir le peuple, cela au bénéfice des émotions étroitement individuelles d'un petit groupe d'esthètes élus [...] Il ne faut pas oublier que l'URSS est actuellement l'authentique dépositaire de la culture musicale universelle, de même que dans tous les autres domaines, elle est le rempart de la civilisation et de la culture humaine contre la décadence bourgeoise et la décomposition de la culture. »

La musique comme expression de l'âme collective et comme

---

[77] Cité comme le précédent par Jacques Attali dans *Bruits*, PUF 1977.

instrument de la collectivisation des âmes, d'un fanatisme à l'autre, contre l'individualisation des esprits et des mélodies. On pense à Karajan trahissant la 9ᵉ de Beethoven en la jouant à cadence militaire, et l'on oublie peut-être un peu vite, du point de vue symbolique, que *l'Ode à la joie* de cette symphonie, arrangé par le même ancien nazi, est devenu en 1972 l'hymne européen ! Encore donc un autre « côté » de la musique qui n'est jamais « *n'importe laquelle musique* » sans distinction aucune. Comme chez Platon, il y a la musique pure, non viciée, bien cadrée par les règles de l'harmonie, et l'autre que les nazis qualifiaient de « dégénérée ».

D'où l'importance du chef d'orchestre qui ne peut se réduire, comme le pense Quignard, au chef totalitaire, symbole du pouvoir absolu, sur le principe qu'il « *n'y a pas deux « côtés« de la musique* ». Ni dieu ni maître, sans doute ! Mais comme l'explique Rousseau dans ses *Lettres sur la montagne,* le peuple libre se distingue en acceptant d'obéir aux lois issues de la volonté générale et au chef qui s'y conforme, et en refusant d'être asservi à un maître, et à son seul intérêt particulier. *Ce qui doit pouvoir s'appliquer au* « chef » d'orchestre, et permettre de ne pas confondre Harnoncourt, Barenboim, Ellington, Mingus, Evans, qui composent avec l'orchestre... avec ceux décrits auparavant, toujours sur le principe qu'il y a au moins deux « côtés » à la musique.

Vladimir Jankélévitch, qui, après guerre, avait répudié la culture allemande, avait bien conscience de l'ambivalence de la musique, mais aussi qu'il ne fallait pas la condamner définitivement. [Si] *la musique est suspecte, elle n'est pas purement et simplement à renier* [même si elle] *ne nous apporte pas toujours la sérénité de la sagesse, mais elle affole et enfièvre ceux qui l'écoutent.*[78]

---

78 Jankélévitch V., *La musique et l'inéffable,* Seuil 1983, p.15.

Interlude : Improvisation et composition selon André Hodeir.

Un autre passeur, André Hodeir (1921-2011), théoricien et musicien, a beaucoup réfléchi au dilemme composition improvisation, dans la même période, sans doute à cause de sa double formation, classique et jazzistique. Les grandes étapes de sa vie en témoignent.

En 1941, à vingt ans, il suit au Conservatoire des études d'écriture et plus tard les cours d'analyse musicale de Messiaen. Il en sortira en 1947 avec trois premiers prix (harmonie, fugue / contrepoint et histoire de la musique).
L'année suivante, il rejoint, comme violoniste, sous le pseudonyme de Claude Laurence, le milieu jazz parisien auquel, avec ses études classiques, il apporte une certaine légitimité. On peut l'entendre dans la compilation *Jazz sous l'occupation*[79] sur quatre morceaux, avec l'orchestre de Joseph Reinhardt, le frère mal connu de Django. Dont *Douce Georgette*, francisation de *Sweet Georgia Brown*, pour passer la censure. Son jeu de violon, nerveux, s'adaptera au *bebop,* après la libération, avec les musiciens français, européens et américains vivant à Paris, particulièrement Kenny Clarke avec lequel il enregistre en 1948 *Laurenzology* pour violon *bop*.

A partir de 1946, il commence à écrire pour le cinéma, soit jusqu'en 1972 une soixantaine de musiques de films et de courts métrages.
De 1947 à 1951, il est rédacteur en chef de *Jazz Hot*, revue dans laquelle il écrit des articles depuis 1945.
En 1951, il publie chez PUF en « Que sais-je ? », *Les formes de la musique* . Il contribue au Groupe de musique concrète de la RTF, fondé par Pierre Schaeffer et Pierre Henry, avec Olivier Messiaen, Henri Sauguet, Karlheinz Stockahausen, Michel

---

79 *Jazz sous l'occupation,* Jazz à Paris 2002.

Philippot, Jean Barraqué et Pierre Boulez. En 1952, la pièce *Jazz et Jazz* est d'ailleurs jouée par Bernard Peiffer au Festival de l'Œuvre du XXe siècle où le pianiste improvise sur fond de bande magnétique pré-enregistrée en studio selon des jeux de filtrage, inversion, accélération... par Hodeir, suivant les principes de la musique concrète.

En 1954, il publie en « Que sais-je ? » *La musique étrangère contemporaine,* repris en 1961 chez PUF sous le titre *La musique depuis Debussy,* et augmenté de chapitres consacrés à Messiaen, Boulez et Barraqué.
Et *Hommes et problèmes du jazz,* où ses anciens articles de *Jazz Hot* sont réécrits et organisés pour la publication. Il y réfléchit sur les grandes étapes du jazz (le blues, Armstrong, Dickie Wells, Duke Ellington, Charlie Parker, Miles Davis) à partir d'analyses d'œuvres. Puis sur la question de l'improvisation, de la création, du swing, du rythme et de la matière sonore. pour mieux définir l'essence du jazz, Et enfin de l'influence du jazz sur la musique européenne (Ravel, Stravinsky et Milhaud) puisque toutes les musiques l'intéressent.
La même année, à la demande du saxophoniste belge Bobby Jaspar et du tromboniste américain Nat Peck, il fonde en octobre le Jazz Groupe de Paris pour diriger ses propres compositions. Après un passage le 10 décembre à la radio, le disque *Essais* est enregistré le 13 décembre. A la suite de ces enregistrements, Bobby Jaspar écrivait dans le *Jazz Hot* de février 1955 : *J'ai pu enfin rencontrer le rare musicien qui ait réussi aussi pleinement à élever la musique de jazz contemporaine à la dignité d'un art majeur.*
Le saxophoniste venait lui même d'enregistrer, chez Swing deux mois plus tôt, avec son propre groupe, *New Jazz,* dans l'esthétique *cool* et *west coast,* album sur lequel figurait une composition de son ami, justement intitulée *Paradoxe : La première œuvre dodécaphonique écrite pour musiciens de jazz... C'est un premier pas marqué en France pour un élargissement des horizons du jazz,* est-il écrit sur la pochette de l'époque.

Hodeir lui donne une suite, *Paradoxe II*, intégralement écrite, que Nat Peck analyse en mai 1955 dans *Jazz Hot* : *La plus belle, et sans doute aussi la plus importante du recueil. L'idée centrale est l'élargissement du langage harmonique-mélodique et des formes en usage dans le jazz. Par l'usage des accords de quinte, d'une mélodie hyperchromatique, grâce aussi à une grande rigueur dans le développement, Hodeir résout magistralement les problèmes qu'il pose dès les premières mesures et prouve qu'un jazz authentique est concevable hors de la tonalité.*[80]

Et dans *Esquisse I*, seuls les solos de Sadi au vibraphone, et de Michelot à la contrebasse, sont improvisés, ceux des autres soufflants sont écrits sur la partition, premières des improvisations écrites - il le dira en anglais « written improvisation » deux ans plus tard - mêlant écriture classique et *swing* dans l'idée de permettre au compositeur contemporain de renouveler son écriture en y intégrant la qualité d'improvisation appartenant au meilleur d'un soliste. *Il faut agrandir le jazz pour ne pas en sortir*, affirme-t-il justement. Aussi en fondant l'Académie du jazz pour mieux le promouvoir, et dont il sera président jusqu'en 1960.

En juin juillet1956 est enregistré le deuxième album du Jazz Groupe de Paris, avec leur version de *Paradoxe I*, et quatre autres compositions, alternées avec des arrangements de thèmes de Bud Powell, Duke Jordan, Thelonious Monk et John Lewis.
En novembre, il arrange, pour le sextet de Kenny Clarke, sur ces principes qu'il commente en texte de pochette, quelques grands thèmes de musiciens américains qu'il admire, Monk encore, trois fois, mais aussi Duke Ellington, Miles Davis, Gerry Mulligan, Tadd Dameron, Benny Carter et Milt Jackson. Entrecoupés de trois de ses compositions. Sur *Tahiti* de Jackson, et surtout *Jeru* de Mulligan, *l'idée de "written improvisation" est poussée jusqu'au bout* , annonce-t--il dans le texte de

---

[80] Bobby Jaspar, *NewJazz*, et André Hodeir, *Essais*, réédités en cédés avec les textes de pochette cités ci dessus, Sony Bmg 2013.

pochette, reproduit dans le livret de la réédition en cédé[81]. C'est donc l'acte de composition qui prime ici, comme le titre l'affirme : *Kenny Clarke's sextet plays André Hodeir.*

En 1958, il écrit pour le Modern Jazz Quartet *Around the blues* avec un orchestre à cordes. John Lewis, le pianiste du MJQ, dira de lui : *Il est celui qui indique des directions et donne des idées nouvelles.*

En 1960 est enregistrée la nouvelle version de *Jazz et Jazz*, avec Martial Solal au piano et les bandes de 1952, pièce qui ouvre le nouvel album et lui donne son titre. Les autres, à part *Flautando*, sont des musiques de films reprises en version de concert : « *Le Palais Idéal* » d'Aldo Kyrou, *Jazz Cantata* pour « Chute de pierres danger de mort » de Michel Fano (1958) et *Trope à Saint Trop* et les deux *Osymetrios* pour « Saint Tropez Blues » (1960) de Marcel Moussy.

Jean-Philippe Allard, sur le livret de la réédition[82], précise que si Martial Solal improvise avec virtuosité dans *Jazz et Jazz* ou dans les thèmes de *Saint-Tropez Blues* par contre l'improvisation pure est absente des autres pièces enregistrées en 1960 — notamment des deux œuvres longues *Jazz Cantata* et *le Palais Idéal*.- reprenant le terme « d'improvisation simulée » entre guillemets d'un article d'Hodeir.

En 1962, musique pour « L'écume des jours » de Charles Belmont. Publication de traductions d'articles dans le recueil *Toward Jazz* qui ne sera retraduit en français, sous le nom de *Jazzistiques*, qu'en 1984 aux Éditions Parenthèses. Il y continue sa réflexion sur les thèmes déjà abordés dans son précédent ouvrage critique, en les axant sur l'énigme des jazzman vieillissants (Duke Ellington, Count Basie) et les œuvres de Art Tatum, Milt Jackson et Thelonius Monk.

Plus deux articles ajoutés à l'édition française, dont l'un de 1972 sur les rapports entre la musique et l'écriture de James Joyce, qui l'ont préoccupé ces six dernières années.

En effet, en 1966, il a écrit une commande pour l'ORTF, une

---

81 *Kenny Clarke's sextet play André Hodeir,* Polygram jazz 1993.
82 André Hodeir, *Jazz et Jazz,* Polygram 1988.

« Jazz Cantata » pour deux voix de femmes (Nicole Croisille et Monique Adelbert) et orchestre de jazz, *Anna Livia Plurabelle*, qu'il a composée sur des textes de James Joyce extraits de *Finnegans Wake*, dirigée et enregistrée en juin 1966 à la maison de l'ORTF. Cet enregistrement ne sera édité qu'en 1971.
Un an après la sortie de son livre *Les mondes du jazz*, essai très littéraire dans lequel il définit le compositeur de jazz :

> "Dans le monde du jazz, le compositeur se situe d'emblée sur un plan auquel nul n'avait accédé avant lui ; c'est ce qui lui donne des droits qu'aucun autre jazzman n'a eus. Alors que l'arrangeur traditionnel, d'une certaine manière, prolongeait l'auteur de thème et le soliste, le compositeur se subordonne celui-ci et ignore celui-là [...] Les thèmes qu'il invente ne sont pas destinés à s'ajouter à l'amas de pierres perpétuellement disponible qu'a été le répertoire ; coulés dans les formes de son œuvre, rien ne peut les en disjoindre. On ne pourra faire aucun usage de sa pensée qu'il n'ait prévu et autorisé lui-même. Le produit de son travail, encore qu'il puisse être indéterminé, inachevé, voire tributaire de l'improvisation, reste une œuvre : un tout, une totalité délimitée [...] La grandeur du compositeur de jazz est qu'il engage sa vie à ce jeu où l'on perd presque toujours — où nul n'a encore gagné."[83]

En 1972, il publie *Bitter Ending*, la suite du dyptique sur Joyce pour huit vocalistes, les Swingle Singers, et quintette de jazz. Aucun des deux albums dirigés par Hodeir n'a été réédité en cédé. Mais *Anna Livia Plurabelle* a été repris par Patrice Caratini et ses musiciens en 1993.
Entre 1976 et 1978, il enseigne le jazz à Harvard, et à son retour, jusqu'en 1986, il dirige à l'IRCAM un programme de recherche consacré au "phrasé jazz", au "swing" et à réaliser une "machine à improviser", ce dont il rend compte dans un article de la revue Musurgia de 1995.
Mis à part cette activité de recherche, il ne compose plus, sauf en 1984 pour Martial Solal, et se consacre à l'écriture littéraire.

---

[83] André Hodeir, *Les mondes du jazz,* Rouge Profond/Birdland 2004.

Aujourd'hui, des musiciens de jazz qui ont aussi une formation classique et de compositeur écrivent le jazz, comme par exemple l'Ukrainien Nicolaï Kapustin, né en 1937 en Ukraine, a été l'lève de Alexandre Goldenweiser, l'un des fondateurs de l'école du piano russe, au conservatoire de Moscou. Si de 1961 à 1972 il est pianiste du big band de Oleg Lunstrem, avec lequel il enregistre quelques unes de ses propres pièces, il déclare.

> "Je n'ai jamais été un musicien de jazz. Je n'ai jamais essayé d'être un vrai pianiste de jazz, mais j'y ai été contraint pour mes compositions. L'improvisation ne m'intéresse pas - et qu'est ce qu'un jazzman sans l'improvisation ? Toutes mes improvisations sont écrites, bien sûr, et sont ainsi devenues bien meilleures, cela les a améliorées. »[84]

Le français Olivier Calmel, né en 1974, musicien classique qui enregistre aussi en quartet jazz, par exemple *Empreintes* en 2007, a un point de vue différent :

> « Je crois qu'on ne peut pas tellement être compositeur sans savoir improviser. Pour moi le cursus de jazz était fondamental. Je m'y suis mis, adolescent, un peu par rébellion par rapport à mon père. Ensuite je me suis aperçu que j'écrivais beaucoup, c'est-à-dire plus qu'une grille d'accord, et j'ai développé la composition en elle-même. […] L'improvisation est quelque chose d'éphémère, une œuvre de l'instant. C'est une œuvre écrite à partir du moment où elle est jouée alors que le compositeur retravaille plusieurs fois son œuvre avant d'arriver à la version définitive. La composition est une improvisation retravaillée. On accepte de rendre son idée perfectible."[85]

Une autre voie pour la composition, en particulier pour la musique dite contemporaine. Et pour le jazz actuel dont l'improvisation libre joue sur cette tension entre écriture et improvisation, associée à de nouvelles approches rythmiques, loin du *free jazz* des années soixante.

---

84 Cité dans le programme 2013 des concerts de Fribourg.
85 Entretien sur Internet avec Ellen Moysan en mai 2014.

Chapitre 4
Musique, sacrifice, contre-culture et culture de masse.

Bruit, musique, rock et sacrifice.

En 1998 est paru un livre intrigant sur le rock et sa culture, au delà des légendes, des histoires et des biographies. Il s'agit de *La loi du Rock*, de Claude Chastagner, inspirée des travaux de René Girard sur la violence mimétique. Et aussi de Jacques Attali sur la musique comme sublimation du bruit.

> « D'une part, le bruit est violence : il dérange. Faire du bruit, c'est rompre une transmission, débrancher, tuer. Il est simulacre de meurtre. D'autre part, la musique est canalisation du bruit et donc simulacre de sacrifice. Elle est donc sublimation, exacerbation de l'imaginaire, en même temps que création d'ordre social et d'intégration politique [...] Son ordre simule l'ordre social, et ses dissonances expriment les marginalités... En définitive, la musique est une stratégie parallèle à la religion : comme celui de la religion, le pouvoir canalisateur de la musique est très réel, opératoire. »[86]

Ce que Chastagner reprend en partie pour exposer sa thèse :

> « Le rock est une survivance du rituel sacrificiel, affaibli et désacralisé par le travail de sape de la parole du Christ, mais, comme tous les avatars contemporains du sacrifice, du sport à la politique, encore partiellement efficace [...] La musique n'apparaît précisément qu'avec la ritualisation de cette violence. Elle est ce qui introduit la différence, une différence

---
[86] Attali J., *Bruits - essai sur l'économie politique de la musique*, PUF 1977, p.54-60

> ordonnée, une graduation des sons, au sein du magma sonore [...] Si le bruit est violence, la musique suggère donc la paix, l'ordre et l'harmonie, mais elle reste entachée du meurtre initial. Dès lors, la double nature de la musique s'affirme. Proche de la violence et promesse de paix, elle évoque à la fois la discorde, le meurtre qui l'apaise et la réconciliation. Elle prévient la violence en la convoquant, l'inocule tel un vaccin pour mieux en guérir »[87]

Ce qui suppose que le rock joue sur ces deux dimensions, comme art direct, populaire, intégrant brutalité et convivialité, de façon ambivalente, à sa fonction cathartique.

> « Le rock se présente comme le prolongement le plus direct du rituel sacrificiel dans la culture contemporaine [...] il purge la collectivité de ses tensions en les reportant sur un élément extérieur dont il procède ensuite à l'expulsion, la star. »[88]

D'où le rôle important de la presse dans ce mécanisme rituel qui offre au public les scandales des rockers de chaque grande période, avant l'oubli fatal: *Punish the Punks* » titrait le *Sunday Mirror en 1977 !* Mais il y a d'autres mécanismes rituels :

> « Les instruments servent fréquemment de victimes de substitution... qui représente le corps du musicien [...] La violence se détourne de l'homme. De victime, l'artiste devient officiant d'une mise à mort qu'il aurait dû subir. »[89]
>
> « Assassiner la victime émissaire en pleine conscience paraît impensable [...] Quand l'ivresse du nombre ne suffit pas, d'autres ivresses plus artificielles prennent le relais : vertige du bruit, des lumières, des drogues, de la répétition [...] Il faut ne se souvenir de rien. C'est à cela que s'emploient les différents aspects du rituel religieux et que l'on retrouve, à des degrés divers, dans l'écoute rock publique et privée. »[90]

---

87 Chastagner Cl., *La loi du rock* Climats 1998, p.123-125.
88 Chastagner Cl., *ibid,*, p.127.
89 Chastagner Cl., *ibid ,* p.132.
90 Chastagner Cl., *ibid.,* p.157.

Dans ces extraits du chapitre *Rituels rock*, Chastagner fait une synthèse éclairante qui prolonge, sur son sujet, les travaux sur les rituels sacrificiels.

Mais sans proposer pourquoi le rock, né en 1954 dans un contexte historique bien particulier, plus que les autres musiques ?

Guerre froide et mécanismes rituels.

Ce qui est à l'œuvre ici, c'est l'idée de rituel sacrificiel, mais pas seulement, et dans le rock encore plus, à cause du contexte historique.

Le sacré défini par René Girard explique la cohésion des sociétés primitives par le sacrifice du bouc émissaire, jugé coupable par la communauté entière et complice. Il se reforme rituellement dans la violence et l'expression d'un certain nombre d'interdits limitant le désir mimétique proprement humain, désir destructeur pour la communauté. Mais la Révélation chrétienne, par le sacrifice du Christ, va faire comprendre que les boucs émissaires divinisés n'étaient que des victimes non coupables. D'où la désacralisation et l'affaiblissement des interdits dans nos sociétés fondées sur l'économie libérale, où la rareté remplace le sacré, selon l'hypothèse du philosophe canadien Paul Dumouchel :

> « La rareté est construite par le rejet des obligations traditionnelles de solidarité, par l'abandon de chacun à son propre sort [...] par l'aggravation des rivalités particulières [...] La violence ne disparaît pas, mais elle se déplace et se métamorphose [...] Incapable de s'exprimer directement, la violence se transforme en envie, en jalousie, en haine impuissante, elle se retourne en ressentiment [...] L'invisibilité de la violence n'entraîne pas l'invisibilité de ses conséquences [...] Les hommes voient apparaître autour d'eux des pauvres, des misérables, des exclus, à qui ils n'ont rien fait, et à qui ils n'ont jamais voulu de mal. Ils voient apparaître des sacrifiés, qu'ils ont eux mêmes sacrifiés par leur indifférence, et qui pourtant ne sont généralement pas

leurs propres victimes [....] L'irréalité du mal, c'est la croyance que le mal ne fait pas mal. Et si la rareté est liée au développement de la pensée économique [...] l'irréalité du mal, c'est la certitude que l'envie, la jalousie, la convoitise, le goût du gain illimité, le ressentiment ne font pas de mal. D'autant plus que ces vices produisent des richesses, qu'ils sont des motivations économiques [...] D'une façon ou de l'autre, la rareté, la disjonction entre les conséquences individuelles et sociales des actes sanctionnent l'irresponsabilité des hommes. »[91]

Pourquoi le rock alors, et pourquoi dans ce contexte particulier ? Les années cinquante sont des années de guerre froide, sur une terre où la logique économique de la rareté n'est plus universelle, car en face du monde « libre », c'est à dire dominé par l'économie libérale, s'en trouve un autre, construit sur une autre logique, en apparence non économique, s'affichant comme sociale, solidaire et fraternelle, qui met à jour les conséquences de la violence économique et de l'indifférence du premier.

L'Amérique, qui le représente comme modèle hégémonique, doit continuer à exister malgré la menace du communisme et contre la violence irréversible de la catastrophe nucléaire, dans une logique de la rareté qui n'est plus suffisante pour protéger la communauté.

D'où cette résurgence du mécanisme victimaire. Le communiste bien sûr, c'est aussi l'ennemi intérieur insaisissable, souvent blanc et intellectuel pendant le maccarthysme, puis noir ou blanc pendant le mouvement pour les droits civiques, comme ces jeunes militants assassinés dans le Sud comme des noirs, coupables d'être des *nigger's lovers* venus du Nord pour menacer la société sudiste. La chasse aux sorcières, comme son nom l'indique, relève bien de cette traque du bouc émissaire, par son dynamisme collectif, devant permettre à la société américaine de garder sa cohésion.

Mais à une époque où la démocratie s'est imposée avec un certain nombre de règles, plus ou moins intangibles quand on les

---

91 Dumouchel P., dans *René Girard et la logique de l'économie,* Seuil 1979, p198-206.

brandit en étendard, et quand le communisme gangrène le monde jusqu'en Chine et dans les anciennes colonies européennes comme un miroir moral inévitable pour les citoyens avertis, sacrifier l'ennemi intérieur n'a pas vraiment de sens car le repli sur soi n'est plus possible dans une mondialisation des échanges et des communications. D'où l'impasse du maccarthysme comme parodie de défense de la démocratie

Si la tentation nucléaire ou le fascisme restent les ultimes sacrifices capables de dénouer toutes les tensions, d'y mettre fin définitivement, ce ne peut être au nom de la protection de la communauté.

La date officielle de la naissance du rock oscille entre juillet 1954, où le premier tube d'Elvis Presley, un blues repris de Arthur Crudup, *That'allright, Mama,* passe sept fois de suite le même jour sur une radio, et l'année 1955 où *Rock around the clock*, la bande son du film *Graine de violence* fait un tabac chez les ados. Le rock naît donc à la fin du maccarthysme et au début du mouvement pour les droits civiques, alors que la menace extérieure communiste devient de plus en plus omniprésente.

Les États-Unis ne vont pas bien, ils sont au bord du gouffre, et le rock, dans ses premières années, et ensuite sous d'autres formes, a peut être permis de canaliser un grand nombre de ces tensions extrêmes, en devenant lui même une cible du mécanisme victimaire, et en dilapidant sur scène et dans les salles de concert, dans des rituels symboliques et bruyants, une partie de cette énergie négative qui sape l'Amérique en crise.

De canaliser donc, mais aussi, à cause même du principe d'ambivalence, de transformer cette énergie mortifère en son contraire, en jouant de la symbolique sexuelle et corporelle dans une ambiance de fête d'avant le dernier jour, tout en préparant en profondeurs certaines transformations sociales et culturelles, celles de la deuxième décennie.

Car le rock, parce qu'il est une forme d'universalisation et d'acclimatation d'une tradition orale spécifique à une communauté limitée (le blues), échappe, en partie seulement, à la logique de la rareté, et de l'économique (tout en y contribuant bien sûr, ambivalence oblige) dans une sorte de régression, permise par la technologie paradoxalement, vers le primitif et vers le sacré. Par son caractère de transmission orale (concert, radio, disque, télévision et cinéma essentiellement) cette musique n'est pas complètement définie par l'écriture savante, harmonique, développée parallèlement à la logique économique et mathématique de la rareté justement.

Ce que Rousseau a bien montré dans le chapitre XIX de *l'Essai sur l'origine des langues* : la musique n'a pas dégénéré à cause de l'écriture en soi, mais à cause de l'évolution parallèle de la langue et de l'écriture du poétique à l'économique, de l'émotion à la grammaire, à l'harmonie et au calcul. En effet, il fait l'hypothèse au chapitre V qu'à chaque époque de l'humanité - du sauvage au barbare, puis au peuple policé, commerçant - correspond une forme d'écriture.

Cette succession n'est pas à prendre comme une évolution forcément positive, mais plutôt l'inverse puisque le génie de la langue y perd, par la substitution de *l'exactitude* [des idées] *à l'expression* [des sentiments... à tel point que maintenant] *en disant tout comme on l'écrirait, on ne fait plus que lire en parlant*[92]. Le problème, c'est que la troisième forme d'écriture qui « complète » la parole marchande, c'est l'écriture alphabétique, c'est à dire l'écriture universelle et rationnelle qui permettra de marchander partout justement, mais qui va rationaliser les échanges entre les hommes et continuer d'affaiblir l' *ancienne énergie* de la langue et de la mélodie en lui donnant de nouvelles règles (de plus en plus syntaxiques et harmoniques, donc de moins en moins poétiques, pour le dire vite).

Malgré son caractère hyper moderne et technologique, le rock posséderait une dimension de régression (positive il faut y insister, par rapport aux logiques liées à la rationalité mathématique) qui lui a donné la possibilité d'un retour à une émotion autre. D'où cette facilité de nos générations, non

---

92 Rousseau J.J., *Ecrits sur la muisque,* Stock 1979 p.175.

forcément anglophones mais grandies avec, d'en retenir les mélodies, la musique émotive des mots, sans forcément en comprendre un seul, ce qui peut d'ailleurs parfois ne pas être un inconvénient.

Mais aussi la possibilité, à un moment donné, dans un contexte précis, d'une résurgence du sacré et d'une *survivance du rituel sacrificiel* (pour revenir à l'hypothèse de Chastagner et mieux la comprendre) dans cette *ancienne énergie* plus ou moins retrouvée. Il suffit de voir les vieilles séquences télévisées où les musiciens de rock, les blancs surtout, sont pris à parti avec haine, représentés par des marionnettes simiesques au pelage sombre, ou Elvis censuré à hauteur de ceinture dans ses shows télévisés. Rituels symboliques, sans doute, ces disques brisés et brûlés sur la place publique, mais comment, si jamais le rock n'était pas né, se serait exprimée cette violence autrement ?

La guerre nucléaire sera évitée, la tentation autoritaire émoussée, les émeutes protestataires ou les explosions raciales resteront isolées. Les Américains continueront de cohabiter dans une ambiance de guerre froide qui persistera, avec des sursauts, jusqu'à la guerre des étoiles et l'effondrement économique de l'URSS, marquant la fin de cette rivalité mimétique est-ouest fortement suicidaire pour l'humanité.

Sur le même principe, on pourrait se demander comment il faut analyser la violence propre au rap, violence des mots ou contre-violence rituelle, dans un contexte de rivalité mimétique entre communautés que la rareté en crise ne peut plus résoudre par l'indifférence.

D'une contre-culture à l'autre.

Le rock, entre liberté revendiquée et violence sacrificielle, est ambivalent comme le montre Chastagner. Une ambivalence propre à l'humain, en fait, si on accepte de le définir spécifiquement par sa perfectibilité au sens que lui donne

Rousseau, c'est à dire sa capacité à se perfectionner « soit en bien, soit en mal », c'est à dire à évoluer.

Si *la religion est une science de l'homme*[93] comme l'affirme René Girard dans un livre qui résume ses idées de façon abordable, on ne peut comprendre l'évolution de l'humanité sans le recours au religieux, et principalement au christianisme qui met en évidence le mécanisme du bouc émissaire et permet à l'humanité de s'en éloigner.

Une science de l'homme, au sens laïque donc, qui explore en profondeur une dimension de notre inconscient collectif pour mieux comprendre les pulsions et la violence humaine, mais parfois en s'écartant de ses préoccupations principales. Par exemple l'idée que les rituels sacrificiels, que les hommes ont fait fonctionner pour pouvoir sortir de la violence mimétique, sont à l'origine des cultures humaines. Les institutions culturelles comme la domestication animale ou la monarchie, produits dérivés de ces rituels, *naissent quand certains éléments du rituel sont renforcés au dépens des aspects spécifiquement religieux qui tombent peu à peu en désuétude*[94].

Pourquoi ne pas imaginer alors que le rock, après la crise qui l'a vu apparaître, ne profite pas lui aussi de cette mise en désuétude de certains de ses aspects, en particulier par la récupération de la société de consommation. Il devient un simple élément culturel, en même temps qu'une marchandise, à cause du principe d'ambivalence. A tel point qu'aujourd'hui, ses anciens tubes, toujours exploités, deviennent des standards, comme les thèmes de *music-hall* dans le jazz, repris et réutilisés comme tels, sur le principe de la variation et de l'improvisation à partir d'un thème, dans le retour du rock comme culture vivante, mais aussi par l'intégration de son héritage musical dans d'autres formes musicales ou artistiques.

Girard avoue aussi qu'il ne s'intéresse, en tant que chercheur, qu'à la *mauvaise némésis*, celle qui nous amène à prendre le

---

[93] Girard R., *L'origine de la culture,* DDB 2004, p.226.
[94] Girard R., *ibid.,* p.221.

parti de la foule, celle à l'origine du rituel sacrificiel, mais que la bonne némésis domine :

> « Sans elle, pas d'éducation, pas de transmission culturelle, pas de rapports possibles. C'est la nature mimétique du désir qui nous rend capables d'adaptation, qui donne à l'homme la possibilité d'apprendre tout ce qu'il a besoin de savoir pour participer à sa propre culture... Imitation et apprentissage sont indissociables .»[95]

Cet éclairage pourrait permettre de mieux comprendre le concept de perfectibilité soit en bien soit en mal tel que Rousseau le propose dans son *Discours sur l'inégalité* puisque cette capacité virtuelle propre à l'homme, ne peut s'activer que dans la rencontre avec l'autre, et reste en sommeil tout le temps que l'animal humain, à l'état de nature, peut survivre de manière quasi solitaire. Mais une fois enclenchée, elle est à l'origine de *ses lumières et ses erreurs, ses vices et ses vertus*, qualité ambivalente donc, qui n'est pas loin d'être synonyme de liberté, et qui, dans *l'Essai sur l'origine des langues*, est toujours sous-entendue, ou alors à rapprocher du concept de mélodie, pensée sur le modèle du *discours [avec] ses périodes, ses phrases, ses suspensions, ses repos, sa ponctuation de toute espèce,* comme il l'écrit dans l'article « Harmonie » du *Dictionnaire de musique*.
Au sens d'improvisation mélodique, c'est à dire d'adaptation, d'acclimatation, d'éducation et d'individualisation au delà du strict univers musical. Contre le concept d'harmonie, qui chez Rousseau, relève d'une mystique philosophique pour un ordre supra humain et peut-être inhumain, le collectif, la foule, et qui constitue l'autre dimension de la musique, car toute production humaine, à l'image de la perfectibilité, est ambivalente.

---

95 Girard R., *op.cit.,* p.63.

Perfectibilité, improvisation mélodique et individuation.

Enfin, Girard donne une dernière piste pour comprendre cet éloignement possible du rituel religieux, de cette laïcisation de la culture humaine en citant un auteur américain, Stephen Gardner qui voit *chez Descartes comment la crise mimétique est évitée par le placement du moi au centre, grâce au cogito... sorte de barrage contre l'émergence de la problématique malsaine de la foule*[96].

Est-ce suffisant pour comprendre comment la société politique, laïcisée et démocratisée, peut se réaliser sans que la violence ne rejaillisse ouvertement ?

Si l'on suit Marcel Gauchet dans *Le désenchantement du monde*[97], la sortie de la religion est une réalité du monde occidental permise à la fois par l'apparition de l'État, puis la démocratisation et la désacralisation qui ont suivi cette avènement. Mais, si l'on suit Girard, la question de la violence ne peut être réglée par la seule législation et la seule éducation, même si l'individualisation des citoyens atténue la dimension malsaine du collectif. Cette sortie de la religion s'accompagne alors d'un développement d'une part de l'économie de marché, avec le passage du sacré à la rareté comme l'a montré Dumouchel, d'autre part de la culture.

Dans quelle mesure la violence économique n'est-elle pas atténuée dans l'univers démocratique par l'existence parallèle des économies mafieuses qui concentrent en elles cette violence ? Et qu'une certaine science économique masque sous le concept effarant de main invisible, l'ensemble de tous les intérêts, bons ou mauvais, concourant à l'intérêt général.

Et dans quelle mesure la culture, particulièrement le domaine artistique, ne pourrait pas assumer en partie cette violence par la

---
96 Girard R,. *op.cit.*, p.201.
97 Gauchet M., *Le désenchantement du monde*, Gallimard 1985.

provocation, la dérision, la défiguration/transfiguration symbolique pour permettre aux sociétés laïques d'exister autrement que dans la violence économique, au contraire de ce qu'affirme Paul Virilio dans *La procédure silence*[98] ?

Ce qui nous amène à questionner le rapport entre art et subjectivité, dans le processus d'individuation propre à la culture.

Particulièrement la musique si elle est une des institutions, avec l'élevage et la technique, issues du premier sacrifice rituel (les enfants de Caïn seront le premier gardien d'animaux domestiques, le premier musicien et le premier forgeron selon la *Genèse*). Alors le chaman est sans doute, en tant que chanteur, peintre pariétal ou sur sable, sorcier (et bien d'autres qualités et défauts, qui le tiennent en marge du groupe, car il fait peur) celui qui le premier se trouve confronté à une solitude et un repli sur soi peu habituel dans un monde hostile où les quelques éléments du groupe doivent se rassembler le plus possible pour se rassurer et se tenir chaud. Délaissé et ne voulant pas se laisser mourir par manque des autres, il a lutté contre la maladie et les épreuves, il s'est accommodé de cette intimité qui est aussi sa force et son pouvoir, d'où il entretient les rituels pour la cohésion du groupe, grâce au chant inspiré de l'invisible, dans lequel voyage son âme « libre », celle qui n'est pas attachée au corps, qui lui permet d'interpréter les signes, de dire les mythes, les inventant en croyant les révéler. Sa propre créativité ne peut s'assumer que sous cette forme surnaturelle, qui en fait un être exceptionnel au sein du groupe, une singularité unique. Le voyant, celui qui voit l'invisible, en croyant accéder à une extériorité autre, n'accède-t-il pas à son intériorité, comme le comprendra Descartes d'abord, puis Rimbaud bien plus tard, avant Freud : « Je est un autre ».

Dans un entretien de 1978, Michel Foucault revenait sur sa métaphore de la mort de l'homme en expliquant « *qu'au cours de leur histoire, les hommes n'ont jamais cessé de se construire eux mêmes, c'est à dire de déplacer continuellement leur*

---

98 Virilio P., *La procédure silence*, Galilée 2007.

subjectivité, de se constituer dans une série infinie et multiple de subjectivités différentes et qui n'auront jamais de fin et ne nous placeront jamais face à quelque chose qui serait l'homme. » Définition même du processus de subjectivation qui joue entre l'objectivation par la connaissance de soi, l'assujettissement hors de soi et la confession, le récit que l'on fait de soi.

Jean François Bayart utilise ce concept de subjectivation dans son livre, *Le gouvernement du monde*[99], pour expliquer que, durant le moment colonial, particulièrement au XXe siècle, les citoyens des pays colonialistes étaient façonnés aussi bien par les mouvements scouts que par les westerns.

Il fait bien allusion, en passant ou dans une note, à l'idée de contre-culture qui aurait pu émerger et contrebalancer en la diversifiant cette construction subjective, mais sans développer, alors que l'ambivalence même de l'humain provient sans doute de cette multiplicité des subjectivités qui nous constituent, soit en bien, soit en mal.

Ainsi, le chanteur et poète américain Bob Dylan raconte, dans ses *Chroniques*, l'influence énorme qu'eurent sur lui les chansons et l'autobiographie de Woody Guthrie :

> « Je l'ai lue d'une traite, dans un ouragan. Le moindre mot chantait à mes oreilles comme un poste de radio. Guthrie écrit comme le vent tourbillonne et le son de la langue est un voyage à lui tout seul [...] Guthrie divise le monde en deux groupes, ceux qui travaillent et ceux qui ne font rien. Il vit pour la libération de la race humaine, veut créer un monde qui vaille d'y vivre. *En route pour la gloire* est un sacré bouquin. Énorme [...] L'impact de ces chansons était considérable, elles influençaient mes faits et gestes, jusqu'à ma façon de me nourrir, de m'habiller. Elles me disaient qui rencontrer, qui ignorer [...] Le folk et le blues ont façonné ma propre culture, et Guthrie me projetait dans une catégorie à part au sein de celle-ci. »[100]

---

99 Bayart J.F., *Le gouvernement du monde,* Fayard 2004.
100 Dylan B., *Chroniques,* Fayard 2005, p.261.

C'est l'époque où le pays est en guerre contre le communisme extérieur et « intérieur », et où le processus éducatif s'apparente sans doute plus alors à de la propagande pour la défense de *l'American Way of Life* qu'à un apprentissage critique de la société américaine par ses futurs citoyens. Si Guthrie n'avait pas été gravement malade, puis alité, il aurait sans doute constitué une cible pour la chasse aux sorcières. Lui qui avait parcouru l'Amérique en compagnie des trimardeurs de toutes couleurs et de toutes origines ; lui qui avait écrit les premiers blues blancs, bien avant Elvis, *The dust bowl blues*, *This train*… et joué avec les bluesmen Sonny Terry et Brownie McGhee ; lui qui avait chanté pour ses frères latinos exploités par les grands fermiers californiens pour les amener à se syndiquer et mieux prendre en main leur vie ; lui qui avait influencé toute une jeunesse contestataire durant la guerre du Vietnam. Et l'influence ici relève bien du mécanisme mimétique positif décrit par Girard.

Mais comme le montre Dylan dans son témoignage, les influences, les cultures officielles et les contre-cultures qui nous constituent, s'imbriquent de manières différentes chez les uns et les autres pour former une mélodie, c'est à dire un récit de soi particulier à chacun, avec *ses périodes, ses phrases, ses suspensions, ses repos, sa ponctuation de toute espèce*.
En 1982, Dylan enregistre son disque *Infidels,* dont une plage où il joue au piano en duo avec le guitariste Mark Knopfler du groupe Dire Straits à la guitare acoustique : un blues décalé, simple et entêtant, en même temps qu'un hommage à un bluesman noir, disparu dans la misère après avoir été battu et s'être fait volé sa guitare. Dont la triste histoire est une parabole de celle du peuple afro-américain spolié de sa vie et d'une certaine manière de sa musique, même si il s'agit aussi d'une double acclimatation réciproque. En 1983, le morceau *Blind Willie Mc tell,* jugé mal enregistré, ne paraîtra pas sur le disque qui y perdra beaucoup. Il faudra attendre la parution d'inédits en 1991 et d'une compilation, *Essential of* en 2000 pour que ce titre nous soit connu, et heureusement. La voix « blanche » de Dylan sur ce morceau proche du blues noir, qu'il s'est complètement

approprié pour en faire son texte et sa mélodie, est empreinte d'une telle émotion que ce morceau pourrait être la mélodie qui dit le mieux le chanteur tel que nous le connaissons aujourd'hui, le gamin de quinze ans, disciple de Guthrie, qui a bouleversé la musique populaire, mais aussi l'homme qui a vécu une vie totalement façonnée par la musique et la poésie.

Définition de la mélodie à rapprocher aussi du concept d'identité narrative que Paul Ricœur a ébauché dans *Soi-même comme un autre* :

> « C'est précisément en raison du caractère évasif de la vie réelle que nous avons besoin du secours de la fiction pour organiser cette dernière rétrospectivement dans l'après-coup, quitte à tenir pour révisable et provisoire toute figure de mise de mise en intrigue empruntée à la fiction et à l'histoire [...] récits littéraires et histoires de vie, loin de s'exclure, se complètent, en dépit ou à la faveur de leur contraste. Cette dialectique nous rappelle que le récit fait partie de la vie avant de s'exiler dans l'écriture. »[101]

Nous retrouvons ici l'idée d'improvisation, d'imagination mélodique dans la mesure où nous nous construisons à travers une narration de soi qui emprunte autant à nos souvenirs qu'à ceux des proches ou à la lecture des témoignages et des romans qui balisent notre existence. On peut ajouter à son hypothèse que si tous les humains ne sont pas des lettrés, les contes et les chansons populaires proposaient autrefois des scénarios, des constructions narratives comme aujourd'hui le cinéma et la télé, films dont les musiques et les chansons deviennent indirectement nos propres bandes-son émotives sur l'écran noir de notre subjectivité.

Quand Dylan écrit que *le moindre mot chantait à ses oreilles comme un poste de radio* à propos du livre de Guthrie, c'est qu'il y improvisait comme dans ses chansons ; si bien, en marge des harmonies institutionnelles, qu'il a contribué à constituer

---
[101] Ricoeur P., *op.cit,* Seuil 1990, p.191.

d'autres individualités, d'autres subjectivités, d'autres identités narratives et mélodiques.

Le disque, entre modernité marchande et diffusion orale.

Greil Marcus, dans *La république invisible - Bob Dylan et l'Amérique clandestine*[102], raconte l'impact énorme qu'eut la publication sur une génération, dès 1952, des disques de *l'Anthologie of American Folk Music*. Pour Dylan aussi, quelques années plus tard. La découvertes d'autres sons, d'autres mélodies, d'autres voix, d'autres histoires, d'autres possibles à l'intérieur même des États Unis fut une révélation, et une transformation culturelle importante.

Dylan, sans l'avoir voulu et sans bien le comprendre, deviendra à son tour un modèle et un porte parole par la seule force de sa mélodie et de sa poésie qui ne font qu'un, dans un retour à une oralité démultipliée par le disque et la radio, assez proche, en un sens, de celle décrite par Rousseau dans *l'Essai sur l'origine des langues*. Les hommes ressentent le besoin de se retrouver autour du point d'eau qu'ils ont creusé ensemble pour survivre, et, ne pouvant plus se satisfaire des gestes et des cris inarticulés pour vivre ensemble, inventent en même temps la parole et le chant, dans une même mélodie.

Jusqu'à ce que l'évolution de la parole et de l'écriture - du sauvage au barbare, puis au peuple policé, commerçant - nous amène à *lire en parlant,* d'où *en cultivant l'art de convaincre, on perdit celui d'émouvoir.*

Proche non au sens d'un retour à la musique originelle mais au sens d'une certaine oralité réinventée, le chant prédominant sur l'écrit, et retrouvant une musicalité, à la fois primitive et novatrice dans ses évolutions actuelles.

---

102 Marcus G., *La république invisible - Bob Dylan et l'Amérique clandestine,* Denoel 2001.

Si le disque, médium paradoxal, a fait du folk, du blues, du jazz, du rock une marchandise superficielle et même dangereuse quand elle uniformise les désirs et les battements disco au seul rythme cardiaque et aux mots stéréotypés, il a contribué en même temps à leur expression et permis leur diffusion, leur appropriation sur le mode de la tradition orale, ou « à l'oreille », par toute une population qui n'avait accès ni aux partitions ni à la musique savante écrite, ni aux concerts et qui a pu sans complexe approcher toutes ces musiques, y compris celle dite classique. Charles Mingus, contrebassiste de jazz, compositeur, improvisateur et chef d'orchestre racontait, dans *Moins qu'un chien*, comment il avait appris son instrument en accompagnant la radio. Et Charlie Parker ralentissait les 78 tours de Lester Young avec son genou pour mieux en apprendre les solos.

Ce pouvoir de diffusion et d'appropriation, aussitôt récupéré par la société de consommation, reste d'autant plus ambivalent qu'il ne se réduit pas à une démultiplication de l'écoute passive, et permet à beaucoup un apprentissage musical et la possibilité de développer leur propre mélodie et leur propre poésie.
Quand le rock a été récupéré et formaté par l'industrie du disque dans son pays d'origine à la fin des années cinquante, les Beatles, nourris de disques de blues et de musique populaire, ont recréé le langage du rock tel qu'on le connaît aujourd'hui. Celui de la deuxième décennie, de 65 à 75, jusqu'à la réaction punk, si l'on peut dire, celui de l'accomplissement culturel.
De plus, leur rencontre avec Dylan lors de leurs concerts américains est déterminante. Dans *son A Wopbopaloobop Alopbamboom* (en anglais *Rock from the begenning*) de 1969, le critique Nik Cohn confirme :

> « A partir de 1964 toutefois, sous l'influence des textes de Bob Dylan, leurs paroles à l'origine strictement littérales sont devenues plus étranges, excentriques et surréalistes. Des messages et du sens : soudain, le temps des artistes créatifs était venu. [Dylan] a bousculé presque tout le monde - les Beatles et les Stones, Jimi Hendrix et Cream et les Doors, Donovan et les Byrds - et presque tout ce qui sort de nouveau

maintenant puise à sa source. Avec lui, la pop est devenue adulte, il lui a donné un cerveau. »[103]

Comme lui, il est possible d'écrire des textes poétiques, inspirés du surréalisme et de la *beat génération*.
Comme eux, il est possible de jouer électrique sans se conformer au show-biz, à ses classifications, et sans renier Guthrie. Et Dylan de changer de style musical, passant du folk acoustique au rock blues qui fera de ses concerts de 65-66 le pendant inverse de ceux des Beatles. Quand la beatlemania était une hystérie d'adoration, la violence hystérique contre le Dylan électrique relève pourtant de la même violence rituelle, celle peut-être qui conduira à l'assassinat de Lennon.
L'un comme les autres ont poussé la jeunesse du monde entier à faire sa propre musique, écrire ses propres textes en dehors des règles marchandes. Les jeunes rêveurs, de consommateurs passifs, sont devenus musiciens, ici et maintenant.

Quant à la musique savante dite contemporaine, quasiment « inaudible » pour une grande majorité, jouée, ou plutôt mise en sons à partir d'instruments hautement complexes du point de vue technologique, et d'écritures parfois hautement complexes du point de vue mathématique, sa diffusion par le disque l'a mise à portée d'un certain nombre de musiciens qui se sont appropriés ces sons et ces instruments dans le rock progressif des années 70 puis la techno des années 90, sur le même principe que les livres illustrés ont diffusé la peinture moderne et permis son appropriation plus populaire dans la publicité, le cinéma ou la BD, d'où le boum de l'accès aux expositions médiatiques pour les classes moyennes élargies, le passage du scandale à la culture.

---

103 Cohn N., *A Wopbopaloobop Alopbamboom,* Allia 1999, p.155 et 202.

Contre-cultures et culture de masse.

Le rock, comme le jazz dans le demi-siècle précédent, comme le roman populaire, surtout le polar puis la SF et la BD sont des phénomènes culturels « populaires » liés à la consommation de masse du XXe siècle. Dans son article *A propos du jazz,* Adorno reproche au jazz de ne pas être populaire parce qu'il n'est pas « prolétaire », dans une simplification marxiste qui fait de ce mouvement musical une machination de la bourgeoisie pour aliéner un peu plus le peuple et l'endormir, pour le dire un peu vite : *En le consommant, ses fanatiques s'identifient probablement très souvent avec l'élite, le jazz symbolisant pour eux une certaine mondanité ; il permet au petit employé de se prendre pour quelqu'un de très bien alors qu'il boit de la bière dans une taverne avec une amie.*[104]

Il faut peut-être adopter un point de vue tocquevillien pour comprendre ces phénomènes. Le XXe siècle présente une nouveauté que Marx n'a pas prévue, le développement d'une nouvelle population issue des milieux paysans et ouvriers, c'est à dire des employés de l'administration et de l'éducation en plein essor durant ce siècle. Et ces travailleurs intellectuels et éduqués vont grossir le rang de la protestation syndicale pour le niveau de vie en y rajoutant la demande de biens culturels, journaux, livres puis disques... Face à cette contestation et à l'attrait, mimétisme oblige, du modèle communiste, le capitalisme va réagir avec logique et calcul en intégrant ces revendications à un développement de la consommation de masse, en faisant de ces nouveaux travailleurs des consommateurs, auxquels s'adjoindront, à leur tour éduqués, les enfants de « prolétaires » au sein d'une nouvelle classe dite moyenne parce qu'elle n'est plus seulement une classe de producteurs, sans être pour autant celle des possesseurs des moyens de production, juste une classe de consommateurs, de travailleurs aussi bien manuels

---

[104] Cité par Martin Kaltenecker commentant *Les moments musicaux* de Theodor Adorno, Contrechamp 2003.

qu'intellectuels.

Phénomène ambivalent qui va éloigner progressivement les ouvriers de leurs anciennes traditions solidaires, mais aussi leur apporter un niveau de vie et d'éducation jamais atteint auparavant. Et les cultures « populaires » comme le blues, le jazz ou les littératures « populaires », adoptées par la nouvelle classe moyenne comme une certaine marque de son identité, vont évoluer pour pouvoir s'adapter à la progression éducative et culturelle de cette nouvelle population, de plus en plus nombreuse, qui définit le nouveau sens de « populaire ». Ces musiques et ces littératures vont donc s'enrichir d'apports de la culture savante pour tendre de plus en plus vers elle au point qu'à son tour, celle-ci pourra s'en inspirer. Ce double mouvement est vrai aussi pour la danse et les chorégraphies contemporaines qui puisent dans le Hip-Hop un nouveau vocabulaire et une nouvelle sensibilité.
Qui peut sérieusement penser aujourd'hui que la mauvaise qualité d'un livre, d'un disque ou d'un film, provient de sa classification en populaire ou savant, et non de sa qualité propre, en tant qu'œuvre littéraire ou musicale ?
Au point que le jazz après la guerre va accéder au statut de musique de concert, et non de cabaret, avec les musiciens du Modern Jazz Quartet jouant leurs variations complexes et subtiles habillés en frac, dans un théâtre, comme n'importe quels musiciens classiques.

D'où la nécessité du rock, à ce moment, comme musique de « divertissement », pas seulement au sens pascalien. A la fois réaction rituelle à une crise sociale et géopolitique, le rock va divertir les mauvaises énergies dans une sorte de sublimation créative et bruyante, mais aussi accompagner l'émergence et l'intégration de nouvelles populations, celle des jeunes du baby boom, qui accèdent au statut de consommateur avant celui de producteur, celle des citoyens noirs aussi, qui sont en train de gagner leur combat pour l'égalité des droits et revendiquent leur accession à la classe moyenne. Avant d'évoluer et de se complexifier à son tour, laissant de côté sa dimension sacrificielle au profit de la dimension culturelle et marchande, car rien n'est jamais simple.

L'apaisement de la violence passe donc peut-être aussi par un processus qui transforme le rituel en culturel tout autant que le sacré en rareté dans un univers de la modernité qui ne peut pourtant jamais se stabiliser complètement.

Ainsi, le puritanisme productiviste, mimétique du stalinisme, était nécessaire à la reconstruction dans l'après guerre, et l'existentialisme libéré ne touchait qu'une frange éclairée de la population. Mais les revendications libertaires du mouvement hippie et de mai 68 furent d'autant plus légitimes et généralisables que le capitalisme des trente glorieuses ne pouvait plus se contenter de consommateurs rédimés. Toutes ces revendications contestataires allaient pouvoir, à cause du caractère « révolutionnaire », totalement adaptable, du système, s'affirmer et en même temps s'intégrer, sans toujours l'avoir voulu ni compris, à la marchandisation culturelle en cours de développement.

La transformation du contre-culturel en culture de masse, au delà du musical, par le biais du populisme industriel, fait de nos sociétés des sociétés faussement pacifiées, des sociétés de conditionnement plus que de contrôle. Le capitalisme hyper industriel culturel récupère tout, en vertu des principes de complexité et d'innovation, justement, de telle sorte que la marchandisation seulement spectaculaire, produit de plus en plus de culturel, en même temps que le culturel s'appauvrit, d'où un processus de dé-sublimation, selon Bernard Stiegler, un déséquilibre entre le diachronique, qui nous construit, et le synchronique qui efface notre singularité:

> « Lorsque dix millions de personnes regardent la même émission - le même objet temporel audiovisuel -, elles synchronisent leurs flux... [Même si] elles ne pensent pas toutes la même chose de ce qu'elles voient... le fait que les mêmes gens regardent tous les jours les mêmes émissions conduit nécessairement à ce que leurs « consciences »... finissent par être si bien synchronisées qu'elles ont perdu leur

diachronie, c'est à dire leur singularité - c'est à dire leur liberté, qui est toujours leur liberté de penser. »[105]

En effet, le processus de synchronisation des consciences, une fois étouffée la dimension diachronique qui permet au *je* de se construire et de se repérer par rapport au *nous* dans un processus d'individuation, aboutit à l'apparition d'un « on » dont l'indéfinition même se traduit par le processus de dé-sublimation, d'abolition de tous les mécanismes nous civilisant (et nous grandissant) pour affronter le principe de réalité sans être soumis au seul principe de plaisir dans nos rapports aux autres. Avec cette distinction synchronie et diachronie non pas exclusives mais complémentaires, on retrouve d'une certaine manière le couple harmonie et mélodie tel que nous l'avons développé, et les problèmes d'ambivalence posés par les phénomènes musicaux.

Le punk et le rap ont été des réactions à des crises économiques ou sociales, mais aussi le moyen d'exprimer ces frustrations et ensuite de développer de la marchandise et du culturel. Quant au *raï*, à la *world music*, au slam, ils ont sans doute joué un rôle de revendication et d'intégration en Europe, par rapport à la classe moyenne, surtout pour des populations émigrées de 2e ou 3e génération, une fois prise une certaine distance avec la période de décolonisation, et pour l'ancienne classe moyenne, confrontée brutalement au voisinage de l'autre. En quoi ils sont en même temps des phénomènes marchands et culturels. Comme le rock dans les pays communistes, sous la forme de disques samizdats ou pirates, a été l'expression d'une révolte générale de la jeunesse, bafouée par le communisme stalinien.

Écoute publique et écoute privée.

Pour conclure, si les concerts et les raves (qui ont renouvelé certains aspects du rituel rock sans doute, en dilapidant les énergies avec un minimum de violence) réfèrent à la transe

---

[105] Stiegler B., *Aimer, s'aimer, nous aimer*, Galilée 2003, p.42.

dionysiaque, à la fureur et au bruit, le disque lui, plus que la radio, permet une écoute individuelle, loin de la foule et de l'ivresse artificielle. C'est cette qualité d'écoute qui a permis l'évolution d'une musique brute en une musique plus complexe, plus travaillée entre composition et improvisation.

Déjà en 1964, le pianiste classique canadien Glenn Gould avait abandonné la scène et les concerts parce que, selon lui, l'interprète ne peut donner le meilleur dans l'instant et en une seule prise, au contraire du studio et de la table de montage qui peut réunir les meilleurs moments de plusieurs prises. Contrairement à ce que lui répondait Yehudi Menuhin, la communion avec le public du disque ou de la radio peut être aussi riche, sinon plus que celle du direct, la qualité de l'interprétation ne pouvant qu'être meilleure.

Pour revenir à eux, les Beatles, en 1967, ont voulu fuir la beatlemania, qui, comme son nom l'indique, relève bien d'une hystérie collective proche de la transe rituelle. Ce bruit blanc perpétuel pendant leurs concerts ne leur permettait plus de jouer. Ils se sont donc enfermés dans leur studio pour inventer une musique non destinée à la scène, mais à la seule diffusion par le disque. L'histoire de la fanfare du Sergent Poivre en tournée.[106] Et comme elle n'avait pas à être reproduite sur scène, ils se sont amusés avec les consoles de mixage et les bandes magnétiques de façon assez proche de la musique savante expérimentale, la même année où Pierre Henry « composait » pour Maurice Béjart, avec Michel Colombier, les jerks et les rocks de *la Messe pour le temps présent,* qui sont eux aussi fondateur du rock progressif, représenté aussi bien par Jethro Tull, Soft Machine, Gong, Black Sabbath, King Krimson, Manset ou Magma, à l'intersection de toutes les musiques.

On peut prendre aujourd'hui pour exemple le jazz, surtout français, qui réinvestit ce courant du rock, justement. Non pas un retour au jazz rock des années soixante-dix, puis jazz fusion, et ensuite électro jazz, jouant avec la lutherie électrique et

---

[106] The Beatles, *Sgt. Pepper's Lonely Hearts Club Band,* Capitol Records 1967.

électronique tout en créant son répertoire spécifique. Plutôt le retour aux musiques écoutées par les musiciens dans leurs jeunes années, souvent par le disque, et la relecture, directe ou indirecte, de ce répertoire pop rock, souvent complexe. Musique ayant la particularité d'emprunter à toutes les autres, jazz, classiques, contemporaines, extra européennes pour s'ouvrir à des horizons illimités. Ce qui n'était pas rien pour ceux qui, à l'époque, n'avaient pas forcément accès aux autres univers sonores sur leurs transistors et leurs électrophones.

1997, le guitariste Pierre Jean Gaucher « zappe Zappa ».
1999 et jusqu'en 2007, aux USA, le duo Brian Melvin et David Kikoski sort quatre cédés de *Beatle Jazz*, particulièrement *With A Little Help From Our Friends*, avec les frères Brecker, John Scofield, Mike Stern en 2005.
2002 *Purple celebrating Jimi Hendrix* de Ngûyen Lê.
2004, Alain Blesing donne sa relecture jazz et contemporaine du répertoire d'outre Manche avec *Songs from de biginning*, des reprises de Led Zepelin, (Jimi Hendrix), The Who, Henri Cow, Soft Machine, King Crimson... et en invités Hugh Hopper, bassiste de Soft Machine, et John Greaves.
En 2006, Franck Tortiller, avec l'Orchestre National de Jazz, se consacre à Led Zeppelin avec *Close To Haeven*.
Aldo Romano joue *Flower Power* avec Baptiste Trotignon et Rémi Vignolo, dont une superbe *Sea Song* de Robert Wyatt, entre autres pépites.
Les Yeux de la Tête publie l'étrange suite *L'oeuf du cyclone* entremêlant leurs thèmes et ceux de Stravinsky, Hendrix, Piazzola et Zappa[107].
2009, l'ONJ de Daniel Yvinec enregistre *Around Robert Wyatt*.
2011, Nguyên Lê, dix ans après avoir repris Hendrix revient au rock prog avec *Songs of Freedom*.
Le trio de cuivres Journal Intime sort un hommage à Hendrix intitulé *Lips on Fire*.
2012, *Janis the Pearl* de Franck Tortiller, et Mederic Collignon part à la recherche du roi frippé (Robert Fripp, leader de King

---

107 Cédé Petit Label PL kraft 009.

Crimson) avec un double quatuor à cordes, et son quartet Jus de Bocse.
2014 *Celebrating Dark Side Of The Moon* du Pink Floyd par Nguyên Lê.
2015 *A Feast Of Friends,* où le Sammy Thiébault quartet recrée les Doors.

Mais cette réappropriation, spontanée et mouvante, du rock inventif par le jazz d'aujourd'hui n'a sans doute pas le même sens contre-culturel, maintenant simplement ludique et esthétique. Sur le principe que le jazz, s'il sait composer, travaille aussi à partir du répertoire de la musique populaire, qu'il revendique complètement.

L'approfondissement de la création musicale dans le rock progressif des années soixante dix avait conduit à un affaiblissement du concept de groupe, pas seulement chez les Beatles. Avant que les punks, par réactions, ne le réhabilite.
Plus la musique est complexe, plus elle repose sur l'un ou l'autre des individus du groupe, et moins sur tous ; plus elle est une réflexion métaphorique sur le danger de la foule. Ainsi, l'opéra rock *Tommy* des Who est d'abord l'œuvre du guitariste, et une réflexion sur la manipulation de la foule par les sectes.
De même, le concept album *The Wall* du Pink Floyd est l'œuvre du seul bassiste et une réflexion sur la folie totalitaire. Juste dix ans avant la chute du vrai mur, alors que le mur symbolique en plastique se sera écroulé des dizaines de fois dans le monde pendant la tournée du groupe.
Dans l'opéra rock *en 3 actes, Joe's Garage*, Zappa - une des individualités les plus complexes du rock appartenant aux deux dimensions de la musique contemporaine, la musique « savante » écrite et la musique « vivante » improvisée - joue de la même autocritique plus ou moins autobiographique, qui n'est pas pour rien dans le désamorçage de la violence du rock, et son accession à un statut culturel .
Quant à John Lennon, on sait comment il participa de manière globale à la contre-culture, et pas seulement musicale, et comment, selon Chastagner, il paya directement son refus d'être

une star stéréotypée au sein d'une ritualisation qu'il a lui même contribué à rendre désuète, pour que cette culture puisse en devenir vraiment une.

Mais déjà en 1956, selon Greil Marcus[108], Elvis Presley avait pris ses distances de manière symbolique avec le mimétisme de la foule : il s'était présenté au public en déclarant qu'il commençait chaque concert par l'hymne américain, et le public, comme un seul homme, s'était levé bien droit - nous sommes alors en pleine guerre froide - Alors Elvis avait fait signe à ses musiciens et entamé le morceau « *Hound dog* » (chien de meute) de Jerry Lee Lewis. Le public avait réagi en changeant d'attitude du tout au tout, en hurlant de plaisir. Et en se distanciant, un peu, de la foule nationaliste.

Chastagner cite, sans s'y attarder plus, malgré sa thèse, cette anecdote où Frank Zappa, en pleine guerre du Vietnam, « *demanda à deux Marines qui se trouvaient dans la foule de venir mutiler une poupée représentant une enfant asiatique. Ce qu'ils firent sans façon. Le public était sous le choc.*[109] Car la violence n'est pas ici simplement détournée de l'artiste, comme le dit l'auteur, mais aussi mise en scène symboliquement dans son mécanisme même, renvoyée à la « foule » contre elle-même, et l'hystérie se transforme en choc.

La culture rock, en réinventant du rituel d'abord, puis en le transformant en culturel ensuite, a essayé de dépasser la dilapidation du monde occidental. Le pop art, en « *transfigurant le banal* » selon Arthur Danto, en nous montrant d'un autre point de vue la matérialité superficielle du monde marchand, s'inscrit parfaitement dans cette nouvelle culture, qui tente de donner une valeur esthétique à des objets et des choses éphémères et inconsistantes.

Mais c'est aussi de notre monde qu'il est question, dans le rock, et pas seulement d'un monde imaginaire ou utopique. Il fallait donc un certain recul pour le comprendre, celui qui va du rituel au culturel, du tribal à l'individualisme.

---

108 Dans le documentaire de Kamel, *Good Bless Rock'n Roll*, Arte 2003.
109 Chastagner Cl. *op.cit.* p133

Interlude : le scandale du *Sacre* en 1913.

Une salle en folie qui applaudit, hurle ou siffle, un chef d'orchestre qui essaie de garder la cadence malgré le tumulte, des danseurs effarés, un chorégraphe qui leur compte les pas en criant, une claque de jeunes gens payés, dont l'enthousiasme attise la fureur des scandalisés ; enfin, une presse déchaînée le lendemain de ce 29 mai 1913. Un scandale majeur donc.
Dans l'Europe de la belle époque, les spectateurs mondains sont peu habitués aux rythmes exotiques et aux rites chamaniques, même s'ils ont perçu quelques battements de tambours balinais ou africains lors d'une lointaine exposition universelle.
En France, on n'avait pas connu ça depuis longtemps, malgré le chahut autour de *Pelléas et Mélisande*, l'opéra de Debussy, en 1902, qui écrit, onze ans plus tard : *C'est une chose extraordinaire et féroce. On pourrait dire que c'est de la musique primitive avec tout le confort moderne*. Un critique s'exclame : *c'est la composition la plus discordante qu'on a jamais écrite. Jamais le culte de la fausse note n'a été célébré avec autant d'ingéniosité, de zèle et de férocité.*[110]

Pourtant, la générale, avec son public d'avertis cultivés, n'avait rien laissé prévoir. Il y avait bien eu, deux mois plus tôt, à Vienne, le Skandalkonzert de Schönberg aux échos très limités, le public concerné restant trop restreint.
A un an de la Grande Guerre, ce pourrait être un acte de violence rituelle comparable à celui que le rock va provoquer au moment de la guerre froide. Mais il va en rester là, sans prendre de l'ampleur, puisque la chorégraphie de Nijinky va être abandonnée, sacrifiée. Et le bruit rituel va retomber trop vite, comme un soufflé. La reprise en concert quelques mois plus tard sera cette fois acclamée par les auditeurs d'Europe et des USA jusqu'en 1928. Même si la guerre interrompt quelque temps la tournée, entre 1914 et 1920. La culture va prendre le pas sur le

---

110 Cités par Modris Eksteins *Le Sacre du printemps,* Plon1991.

bruit, double, et assimiler cette irruption mélodique et rythmique. Jacques Rivière, dans la *NRF* de novembre 1913, une fois retombé le scandale, six mois après, en avait donné une longue analyse élogieuse dans laquelle il mettait en valeur la nouvelle dimension mélodique en œuvre dans le S*acre* :

> « Non pas seulement l'harmonie, la mélodie elle-même reprend chez Stravinsky une ampleur, une aisance et, si j'ose dire, une altitude à quoi nous n'étions plus accoutumés [...] La mélodie, dans son œuvre, a comme une force intime d'ascensions; elle mord sur la hauteur avec une facilité admirable; elle la prend en elle à grosses bouchées. On dirait qu'elle laisse entrer en elle l'espace qui jusque-là pesait sur son dos [...]. C'est une musique excentrique, a-t-on dit. Oui, mais il faut prendre le mot à la lettre: c'est une musique qui a abandonné le centre, pour se présenter toujours normalement en face des chemins les plus écartés, et qui a des sautes extravagantes, mais pour souffler toujours droit. »[111]

Tout un langage métaphorique pour rendre compte de ce qui est excentrique au sens plein du terme... avec l'expansion de la mélodie du *Sacre* en opposition, pour Rivière, à celle, statique, de Debussy.

La montée totale, panique, de la sève universelle.

Une révolution rythmique autant que mélodique, selon Olivier Messiaen puis Pierre Boulez. André Hodeir la résume ainsi:

> « Deux grands principes semblent conditionner le langage du Sacre. D'une part, Stravinsky, en donnant au rythme et à la mélodie une raison structurelle réciproque, a revalorisé ces éléments; d'autre part il fonde sa pensée rythmique sur un principe d'équilibre asymétrique. »[112]

---

111 *Le sacre du printemps Dossier de presse*, Editions Minkoff 1980.
112 Hodeir A., *La musique étrangère contemporaine*, Que sais-je? 1954, p..24.

Dans la revue littéraire et artistique *Montjoie*, dès le 29 mai 1913, Igor Stravinsky lui-même avait pressenti un peu le scandale en présentant son travail :

> "Je crains que le Sacre du printemps, où je ne fais plus appel à l'esprit des contes de fée ni à la douleur et à la joie tout humaines, mais où je m'efforce vers une abstraction un peu plus vaste, ne déroute ceux qui m'ont témoigné, jusqu'ici, une sympathie chère. Avec le Sacre du Printemps, j'ai voulu exprimer la suprême montée de la nature qui se renouvelle: la montée totale, panique, de la sève universelle. [...] Et tout l'orchestre, tout cet ensemble, doit avoir la signification du printemps qui naît. [...] Le cycle annuel des forces qui renaissent et qui retombent dans le giron de la nature est accompli dans ses rythmes essentiels."[113]

Ce texte écrit juste avant la représentation inaugurale anticipe le désarroi du public dont il énonce la cause, le passage d'une expressivité humaine à celle de la nature, et un retour aux «rythmes essentiels».

Cette «abstraction» recherchée dans le *Sacre* dépasse donc l'expression subjective, impressionniste, vers une expressivité plus universelle, expressionniste, pour explorer les territoires de l'inconscient collectif, ou structural au sens de Claude Levi-Strauss, qui, fort marqué par *Noces* dans sa jeunesse, en a fait en 1964 le titre et l'exergue d'un chapitre du premier *Mythologiques*. Et dans un texte passionnant, extrait de la fin de l'ouverture de ce même ouvrage *Le cru et le cuit*, il propose une brève analyse sur la musique qu'il n'a malheureusement pas développée ensuite.

Essayons quand même de l'appliquer au *Sacre* : le compositeur s'inspire des mythes chamaniques plus ou moins réinventés, mais les reconstruit à partir d'un travail musical sur les *rythmes viscéraux*, en allant plus loin que la seule dimension proprement narrative et mythique, si loin peut-être qu'il atteint une limite pour la musique savante de l'époque, d'où le scandale inévitable.

Et si Stravinsky marque la fin d'un cycle de la musique classique

---

[113] *Le sacre du printemps Dossier de presse,* Editions Minkoff 1980.

tonale, selon Levi-Strauss, la déflagration du *Sacre* au moment de l'apparition d'un autre cycle (atonal, dodécaphonique, sériel...) aura bien des échos au-delà de cette seule tradition de la musique savante. Sa démarche narrative et rythmique, prolongée dans *Noces*, explique sans doute les influences ultérieures sur les musiques populaires présentes et à venir, le jazz et le rock, qui vont développer une nouvelle tradition orale et rythmique.

Igor Stravinsky et les musiques populaires.

A commencer par le musicien lui-même. Le jazz va bien sûr l'intéresser. Ainsi, en 1918, le *Ragtime pour onze instruments*. Pour André Hodeir, c'est sur le plan rythmique qu'encore une fois le compositeur innove :

> "Par instants toutefois, l'écriture traditionnelle de la contrebasse et de la batterie pourrait sous-entendre un beat proprement jazzistique. Nous sommes alors très près de certaines partitions de jazz cependant postérieures." [114]

Il faudra donc attendre un quart de siècle pour le vérifier. En 1945, Stravinsky écrit pour un big band un concerto pour clarinette et orchestre de jazz, *l'Ebony concerto*, dont le premier mouvement n'est pas sans évoquer des échos du *Ragtime* précédent. Il le dirigera lui même avec Woody Herman à la clarinette, au milieu des musiciens du soliste, le 25 mars 1946.
C'est l'époque où le Be-bop revendique fièrement l'influence de Stravinsky. Ainsi dès février 1946, *Boyd meet Stravinsky*, écrit pour l'orchestre de Boyd Reaburn par Eddie Finckel, développe entre deux breaks de batterie un interlude très inspiré du maître et de sa fulgurance cuivrée du *Sacre*. Et en avril 1949, George Russell écrit pour l'orchestre de Buddy Defranco *A bird in Igor's yard* ; *l'oiseau*, surnom de Charlie Parker, leader du *be bop*.
Du *Sacre* en tant que thème, le flûtiste Hubert Laws en a

---

[114] Hodeir A. *Hommes et problèmes du jazz,* Parenthèses 1981, p.232.

proposé en 1971 une version jazzy des premiers thèmes, très percussive, avec de longues improvisations graves et flûtées.
Depuis 2011, le power trio Bad Plus joue sa relecture complète en concert[115], dans l'esprit de son swing binaire et fracassé.
En 2012, Darryl Brenzel l'a arrangé pour le Mobtown Modern Big Band dans la grande tradition des big bands de jazz. Avec un joli jeu de mots dans le titre: *The Re(w)rite of spring*.

Quant au rock, dès 1967, à la fin du deuxième morceau d'*Absoluty free*, Franck Zappa chantonnait le début du *Sacre*, avant d'écrire en 1969 un *Igor's boogie*, approche personnelle du *Ragtime* en deux courtes parties complètement décalées avec le reste de l'album *Burnt weeny sandwich*. Sans oublier le mix rigolo entre l'intro du *Sacre* et le thème de *In A Gadda Da Vida* en 1988, intitulé forcément *In A Gadda Stravinsky,* dans l'album *Guitar*
En 1973, le batteur Christian Vander s'est sans doute inspiré de quelques mesures des deux premiers tableaux des *Noces* pour composer son *Mekanic Destruktïw Kommandôh*, album culte du groupe français Magma. Mais surtout de l' « *atmosphère d'obsession* » de cette « *seconde et dernière grande œuvre* » de Stravinsky, selon les mots d'André Hodeir, en 1954.
Le groupe belge Univers Zéro, autour du batteur (encore un!) et compositeur Daniel Denis, dans la lignée de Magma, perpétue l'héritage de Stravinsky, par exemple en 1981 dans l'album *Ceux du dehors*, particulièrement le titre *Bonjour chez vous*.
Sans oublier la version métal du *Rite of Sring* par le groupe allemand Golem en 2004.

If Stravinsky had a rock band, it would sound like this! Ce slogan d'Univers Zéro montre bien qu'en dehors de Varèse et de Pierre Henry de façon plus indirecte, l'influence du *Sacre* et de Stravinsky, un grand passeur aussi, a été majeure et confirme l'irrigation rythmique et mélodique vers toutes les musiques du siècle à venir, savantes et populaires.

---

115 Avec un superbe cédé, enregistré en 2013 et sorti chez Sony 2014.

Chapitre 5
L'utopie musicale des années soixante.

Contre culture et nouvelle culture.

Si une contre-culture est une vision du monde partagée par un groupe d'individus en opposition volontaire à la culture majoritaire imposée à l'ensemble de la société, le mot subculture, avec son caractère à la fois souterrain, marginal et minoritaire peut-il en être synonyme ? Ou alors une subculture devient-elle contre-culture quand elle arrive à s'imposer et élargir son audience, sans devenir une sous culture quand il ne reste d'elle que des symboles et rituels marchandisés et récupérés? Et une contre-culture, musicale par exemple, peut elle devenir une nouvelle culture quand elle dépasse son domaine propre et devient fédératrice envers les autres domaines (musique, cinéma, art, littérature, politique) ?

Dans le numéro double de l'été 1971, titré justement *Les grands textes de la Nouvelle Culture,* le journal *Actuel nova press*, alors vecteur en France de l'underground international, la présente à ses lecteurs.

En préambule à une longue réflexion de cinq pages, une simple colonne signée Alexandre Trocchi - situationniste exclu par Guy Debord en 1963 - extraite du texte *La technique du coup du monde*[116], précise cette idée de nouvelle culture en marge de l'idéologie d'extrême gauche :

> "Nous ne sommes pas désireux de nous emparer de l'État comme Trotsky et Lénine, mais de nous emparer du monde. Le coup de monde doit être, au plus large sens, culturel […] La révolte culturelle est l'indispensable étai, l'infrastructure

---

[116] Publié, quand même, dans le n° 8, en janvier 1963, de *l'Internationale situationniste*.

passionnée d'un nouvel ordre des choses."[117]

Prolongeant Trocchi, le propos du journal est sans ambiguïté. Il ne s'agit pas de reprendre la culture politique véhiculée par les groupes révolutionnaires gauchistes, une contre-culture déjà datée, mais bien d'en créer une nouvelle, en profitant de la dynamique de la nouvelle musique.

Deux éditoriaux du même mensuel le précisaient déjà les mois précédents, par exemple dans le dossier *Free, pop et politique* de mars :

> "Pourtant, à travers la musique et ses rassemblements, l'échange idéologique se produit, une culture se forme, des « manifestations » s'articulent, le concert en est pour l'instant un des seuls lieux possibles. La musique est le média principal de la nouvelle culture. Sans elle, point de culture jeune, donc point de pensée jeune, hormis une presse révolutionnaire souvent confinée [...] au circuit interne des militants convaincus"[118].

Et le mois suivant dans le dossier consacré à *la révolution pour le plaisir* et aux *nouveaux gauchistes* hollandais (provos, kabouters) ; américains (yippies, weathermen) et français (Vive La Révolution) :

> "Le gauchisme traditionnel vit ses derniers moments [...] Ceux qui prennent la suite sont à la fois plus prudents et plus audacieux, plus honnêtes aussi. Pour la première fois depuis des décennies, de vrais débats apparaissent [...] L'expérimentation remplace les certitudes stratégiques. On ne répugne plus à la remise en question, y compris celle des mouvements eux mêmes. D'où le caractère souvent éphémère des groupes les plus efficaces."[119]

A partir de cette idée de *nouvelle culture* se dégage alors un certain nombre d'interrogations et de redéfinitions à préciser pour

---
117 *Actuel Nova Press*, n°10/11 juillet/août 1971, p.6.
118 *Ibid.* n° 6, mars 1971, p. 6.
119 *Ibid.* n° 7, avril 1971, p. 3.

essayer de comprendre comment une culture, par le biais de la musique populaire née de et contre l'*American Way of Life*, et permise par l'industrie disco-radiophonique, a pu se renouveler, durant les décennies soixante et soixante dix, même en étant récupérée constamment. Et particulièrement les interactions entre musiques et mouvements philosophiques, littéraires, artistiques ou, du moins les principaux.

> "La grande quête romantique surréaliste prenait une nouvelle direction se parant du panache de l'individualisme des pionniers et s'enrichissant au contact de la mollesse orientale du pacifique. La génération qui suit va créer le rock, élargissant d'autant l'univers musical blanc [...] En dix ans, une culture pop va naître, explosant en 1965 avec l'intellectualisation des Beatles. A la recherche de parrains, les chanteurs pop vont choisir les Beats et adopter leurs valeurs. Les bases de la nouvelle culture sont jetées ; vingt ans de fermentation intellectuelle ont trouvé un public énorme. L'énergie du rock va cimenter ce public."[120]

Si l"auteur fait remonter, trois pages plus loin, aux Lumières et au « rousseauisme » la contre-culture - *Rousseau conteste la propriété, c'est Voltaire qui dictera la loi de la société bourgeoise* - aussi bien dans la chronologie parallèle de ce numéro spécial, dont la première date est celle du 1er manifeste Dada, que dans l'article de définition, la bibliographie ou l'anthologie, le surréalisme est cité comme premier refus, premier moment fondateur de cette culture nouvelle, quand « *les fils de bourgeois* » rejoignent les ouvriers dans leur révolte et l'élargissent, précédant l'existentialisme, le situationnisme en Europe et le mouvement beat aux USA : *Relisez les surréalistes. Breton, Péret, Eluard, Aragon, Crevel, Artaud, Desnos et Soupault avaient vingt ans après Verdun. Nous croyons avoir tout inventé ; nos éclats d'aujourd'hui sont aussi des échos.*[121]

---

120 Julien Vladimir(JF Bizot) *Nouvelle culture : l'utopie ou la mort*, Actuel n°10/11, p.7.
121 En introduction à deux extraits d'André Breton dans l'anthologie de la *nouvelle culture*, *Ibid.* p.24.

La filiation surréaliste.

Pour cela, il faut tenir compte du fait que la Seconde Guerre mondiale a bouleversé les équilibres non seulement politiques, mais aussi artistiques dans la mesure où New York et le continent américain sont devenus terres d'accueil pour un grand nombre d'artistes européens, surréalistes, dadaïstes, expressionnistes... comme André Breton, Max Ernst, Arnold Schönberg, Bertold Brecht, pour n'en citer que quelques uns, et dont la présence sur cette dernière décennie du premier demi-siècle va avoir des conséquences inévitables pour le suivant.

Qu'on pense à Max Ernst racontant, dans le film que Peter Schamoni lui a consacré, comment il a transmis à Pollock sa technique de peinture automatique qui allait devenir le *dripping*.

Qu'on pense à André Breton invité, à New York, à rédiger un « manifeste » pour la musique à venir. Malgré l'anathème du même, vingt ans ans auparavant, dans ce court paragraphe du *Surréalisme et la peinture*, paru dans le numéro 4 de 1925, soit à peine six mois après le lancement de la *Révolution surréaliste*[122] en tant que mouvement et revue :

> "En effet, les images auditives le cèdent aux images visuelles non seulement en netteté, mais encore en rigueur, et n'en déplaise à quelques mélomanes, elles ne sont pas faites pour fortifier l'idée de grandeur humaine. Que la nuit continue donc à tomber sur l'orchestre, et [...] qu'on me laisse les yeux ouverts, les yeux fermés — il fait grand jour — à ma contemplation silencieuse."

En 1944, une revue musicale américaine, *Modern Music*, pour son numéro de mars, lui demande donc un texte sur la musique et la poésie. Son titre, pour tous ceux qui ne l'ont pas bien lu, sera source de contre-sens, comme si Breton ne faisait que reprendre son paragraphe fondateur.

---

[122] Rééditée chez Jean Michel Place 1975.

Pourtant la lecture de *Silence d'Or*[123] aide à comprendre que l'anathème de 1925 est non seulement levé, mais aussi invalidé, puisque la poésie ne peut se concevoir hors de la musique et de la musicalité même.

> "Mais surtout, je suis persuadé que l'antagonisme entre la poésie et la musique qui semble avoir atteint son point culminant pour quelques oreilles d'aujourd'hui, ne doit pas être stérilement déplorée mais doit au contraire être interprété comme indice de refonte nécessaire entre certains principes des deux arts [...] La parole intérieure [...] est absolument inséparable de la musique intérieure [...] Telle qu'elle est enregistrée par l'écriture automatique, [elle] est assujettie aux mêmes conditions acoustiques de rythme, de hauteur, d'intensité et de timbre que la parole extérieure, quoique à un degré plus faible. En cela elle s'oppose du tout au tout à l'expression de la pensée réfléchie, qui ne garde plus aucun contact organique avec la musique [...] Mais surtout, l'indépendance de la pensée intérieure par rapport aux obligations sociales et morales auxquelles doit s'astreindre le langage parlé et écrit la met dans la seule nécessité de s'accorder avec la musique intérieure qui ne la quitte pas [...] Les grands poètes ont été des « auditifs », non des visionnaires. Chez eux la vision, « l'illumination » est, en tout cas, non pas la cause, mais l'effet... selon moi, ces choses n'ont été vues que secondairement, elles ont d'abord été entendues."[124]

Les poètes surréalistes ne jouent que sur la possibilité d'assembler les mots en chaînes de sons autant que de sens, contre la raison trop étroite, pour les mettre en lumière. Il ne s'agit pas de retrouver le bruitisme dada ou le zaoum phonique des futuristes russes.

Dans l'extrait du chapitre XIX de *l'Essai sur l'origine des langues,* Rousseau, on l'a déjà vu, décrit l'évolution de la langue mélodique évoluant au cours des siècles en langue parlée puis écrite, au fur et à mesure que la grammaire, la philosophie et

---

[123] publié en français dans Bedouin J.L., *André Breton,* 1950, p.64 à 70.
[124] Breton A., *ibid,.* p.66-70.

l'harmonie se développent et séparent la parole de son origine mélodique et passionnée : *L'étude de la philosophie et le progrès du raisonnement, ayant perfectionné la grammaire, ôtèrent à la langue ce ton vif et passionné qui l'avait d'abord rendue si chantante.*[125]

Comment Breton, mis au pied du mur par la demande d'un article sur la musique, n'a-t-il pas pu lire ou se souvenir de cette œuvre peu connue d'un philosophe décalé dont il partage pas mal de vues en fait, et qu'il estimait grandement, comme l'indique ses réponses à une enquête de la revue *Medium* ?

En ces temps de crise pour la poésie et la musique, retrouver cette terre commune, et la défricher, est bien une amorce de programme révolutionnaire que Breton conclut par un appel aux musiciens :

> "Aux musiciens j'aimerais faire observer qu'en dépit d'une grande incompréhension apparente, les poètes se sont portés loin à leur rencontre sur la seule voie qui s'avère grande et sûre par les temps que nous vivons : celle du retour aux principes. Mais peut être avec eux le manque d'un vocabulaire commun m'empêche-t-il de mesurer leurs pas vers ceux qui pour la faire revivre doivent partager avec eux un peu de terre sonore et vierge."[126]

D'autant que Gérard Legrand (1927-1999) poète, philosophe, et membre actif du groupe surréaliste à partir de 1948, proche de Breton, publie en 1953 *Puissances du Jazz* qui va également dans ce sens.

Le dernier chapitre s'intitule *Jazz et surréalisme* justement, avec en exergue des vers d'André Breton (*Ici le musicien a fait merveille*). Même si l'auteur ne semble pas avoir bien lu *Silence d'or*, c'est sans importance puisque chez lui, jazz et musique sont distincts, suivant l'invocation de Breton à l'Orient *dans le vent mystérieux d'un jazz* à la fin de l'*Introduction du discours sur le peu de réalité*, en 1927.

---

125 Rousseau J.J., *Ecrits sur la musique*, p.243.
126 Breton A., *op.cit.*, P70.

> "D'où peut venir une pareille rencontre ? La réponse immédiate, la plus simple, c'est : de l'automatisme. Et de fait, il y a bien parenté entre l'improvisation (collective ou non) et certaines manifestations de l'automatisme surréaliste [...]. L'évolution même de l'image confirme cette manière de voir : l'image surréaliste est en train d'aboutir à la pure désignation de l'objet élu, qui ne se trouve plus le fruit d'une convention poétique préliminaire, mais celui du désir même de l'homme [...] Ici, comme dans les phrases musicales du jazz [...] les images se réduisent à leur propre inflexion : le dernier soupçon d'harmonie imitative a disparu du verbe humain, la métaphore totalement atteste le retour de la poésie à son origine magique, et, paradoxalement, sa maîtrise d'un univers où toute magie semble avoir été annulée. C'est l'intonation qui donne leur prix aux merveilles [d'un poème d'André Breton], comme au simple exposé d'un thème par Hawkins ou Gillespie. « Minuit sonne toujours autrement qu'une autre heure », disait Xavier Forneret."[127]

Puis il précise, deux pages plus loin l'intonation propre au surréalisme et au jazz, ce qui nous ramène encore à Rousseau :

> "Le surréalisme n'avait pas attendu ce tournant décisif pour réclamer des « mots sans rides ». Et il les avait demandés notamment dans des activités ludiques collectives (jeu des questions, cadavres exquis) dont l'automatisme rejoint les particularités du jazz [...]. Qui dit intonation dit intention, et c'est bien ici l'intention qui renouvelle les schèmes d'expression qu'il s'agisse des mots du poète ou des accords du musicien [...] Cette intention magique de contact concret avec l'univers, avec tout ce qu'elle sous-entend d'intentions révolutionnaires à l'égard de la figure que l'homme a cru devoir faire prendre à cet univers, est à la source même du surréalisme. Une éthique qui tend à glorifier, et à faire passer en actes les valeurs toujours refoulées de la jeunesse, de l'amour, et j'ajouterai de l'amitié, au moins de la plus large communication humaine, ne peut que s'exalter aux approches du jazz."[128]

---

[127] Legrand G., *Puissances du jazz,* Arcanes 1953, p.202.
[128] Legrand G., *op.cit.,* p.204.

Avant de nous donner son propre florilège musical, qu'il complétera dans l'appendice avec les jeunes boppers français de l'époque, et en ajoutant Milt Jackson et Miles Davis.

> S'il est à cet égard, et jusque sur le plan moral, une musique qui témoigne en faveur de la grandeur humaine et en éveille l'écho, c'est en moi indubitablement celles qu'illustrent [...] les pièces maîtresses d'Armstrong (*West End Blues, Wild Man Blues*), les incantations de Duke Ellington et de Johnny Hodges, la cruelle idylle de Charlie Parker (*Bird of Paradise*), avec *Stuffy* de Hawkins, *The Champ* de Gillespie et *Evidence* de Thelonious Monk [...] C'est aux poètes à sauver le monde, et du même coup ce qui du jazz pourra être sauvé, une musique différente des autres qui serve d'auréole à la beauté « magique circonstancielle » et « explosante-fixe » qu'appelait André Breton dès l'*Amour fou*."[129]

Une déclaration d'amour très imagée et forte au jazz, avec de nombreuses références poétiques et surréalistes. Une bonne connaissance aussi des disques disponibles à l'époque, celle du gramophone et du 78T. Par exemple cette présentation, parmi d'autres, de Duke Ellington :

> "Cette musique qui se complaît aux temps lents (*Mood Indigo, Moonglow*) et parfois se situe aux frontières du jazz – la rythmique étant réduite au minimum comme pour n'être plus que la pulsation inaudible du cœur harmonique, ce qui paradoxalement nettoie la musicalité de toute émotivité superficielle (*Solitude, Black Beauty*) – peut reprendre et enrichir indéfiniment, en théorie, ses propres thèmes [...] Si l'une des grandes mesures de la valeur du jazz est sa possibilité de destruction de la durée, nul plus que Duke ne l'aura réalisée dans la conjonction de l'imminence et de la nostalgie."[130]

On peut alors se demander si la *beat-génération* du point de vue des poètes, ceux qui vont déclamer leurs textes pendant que des jazzmen improvisent, puis la musique populaire anglo-saxonne

---

129 Legrand G., *ibid.,* p.209-212.
130 Legrand G., *ibid.,* p.225.

des années cinquante et soixante, du point de vue des musiciens, ne sont pas une double réponse à l'appel, en anglais rappelons le, de *Silence d'or* ?

En partie au moins, car ces deux cultures sont fortement teintées des contre-cultures surréaliste, blues et jazz, et fortement marquées par les nouvelles technologies (radio, cinéma, disque, télévision...) qui permet à une nouvelle tradition non écrite de se développer..

Qu'on écoute par exemple *The End* de Jim Morrison et des Doors, qui démarre comme une ancienne mélopée revenue des âges anciens.

> *Voici la fin, mon bel ami*
> *C'est la fin mon seul ami.*
> *La fin de nos projets élaborés, la fin*
> *De tout ce qui reste, la fin.*
> *Ni sécurité, ni surprise, la fin [...]*
> *Peux tu imaginer ce que nous serons, illimités et libres*
> *Cherchant désespérément une main étrangère*
> *Perdu dans le désert romain de la souffrance*
> *Et tous les enfants sont fous*
> *Attendant la pluie de l'été.*

Et les nombreux rêves et visions chantés par Bob Dylan :

> *Le réverbère est debout bras pliés*
> *Ses griffes de fer rivées*
> *Aux trottoirs sous les trous où pleurent les bébés*
> *Malgré l'ombre portée sur l'insigne de métal*
> *Tout ne peut que tomber*
> *D'un grand coup fracassant mais futile*
> *Jamais un bruit ne sourd des Portes du Paradis.*[131]

Tous ces vers semblent prolonger *La glace sans tain* des *Champs Magnétiques* écrits en 1919 de Breton et Soupault :

> "Prisonniers des gouttes d'eau, nous ne sommes que des animaux perpétuels. Nous courons dans les villes sans bruits

---

[131] Cités par Jean Michel Varenne, *Les poètes du Rock*, Seghers 1975.

> et les affiches enchantées ne nous touchent plus. À quoi bon ces grands enthousiasmes fragiles, ces sauts de joie desséchés ? Nous ne savons plus rien que les astres morts ; nous regardons les visages ; et nous soupirons de plaisirs. [...] Il n'y a plus que ces cafés où nous nous réunissons pour boire ces boissons fraîches, ces alcools délayés et les tables sont plus poisseuses que ces trottoirs où sont tombées nos ombres mortes de la veille".[132]

Ainsi, les poèmes de Keith Reid ne peuvent s'entendre sans la musique de Procol Harum, comme ceux de Pete Brown ne peuvent s'entendre sans la musique de Cream. La poésie s'est fondue avec la musique, à un point d'incandescence qui n'est pas si éloigné de celui de l'amour, comme le voulait Breton dans son texte manifeste.

Certains titres d'albums (*Surrealistic Pillow* du Jefferson Airplane) ou extraits de paroles (la référence à Magritte dans *From A Dead Beat To An Old Greaser* de Jethro Tull) témoignent directement de cette influence assumée par les musiciens de rock. Le titre de l'album de Jethro Tull de 1976 est d'ailleurs en soi révélateur : *Too Old To Rock 'N' Roll : Too Young To Die!* Il est temps de grandir, de s'éloigner du cri primal, et « *les noms des quelques héros* » cités dans la chanson : *Charlie Parker, Jack Kerouac, René Magritte* peuvent aider le personnage, Ray Lomas, *le dernier des vieux rockers*, à trouver sa voie dans une nouvelle culture issue du jazz, du mouvement beat et du surréalisme.

Et le plus « pop » des musiciens répétitifs américains, Philip Glass, se revendique surréaliste dans le film documentaire *Looking Glass* d'Éric Darmon.

Ce que confirmait la remarque, cynique, de Nik Cohn sur les Beatles où il expliquait comment la rencontre avec Dylan a été décisive dans leurs textes : *leurs paroles à l'origine strictement littérales sont devenues plus étranges, excentriques et*

---

[132] Breton A. et Soupault Ph., *Les Champs magnétiques,* Poésies Gallimard 1971, p.27.

surréalistes[133]. Devenir adulte, ce que leur reprochait Nick Cohn en fait, permet à la subculture rock'n'roll adolescente de devenir une vraie culture, une fois dépassées la *beatlemania*, ou l'*elvismania*, qui ne pouvaient que tourner en rond et se faire récupérer par le marché.

Il ne s'agit bien sûr que d'une vulgarisation des grands thèmes du surréalisme comme font toutes les nouvelles cultures quand elles refusent la culture en place en se légitimant de toutes les contre-cultures qui les ont précédées dans ce même combat.

L'individualisme revendiqué par la nouvelle culture n'est pas l'individualisme égoïste du libéralisme mais un individualisme engagé assez proche de l'individualisme révolutionnaire défini par Alain Jouffroy à la même époque.

Dans le numéro d'*Actuel* sur la *nouvelle culture*, on comprend bien qu'elle se constitue plus par un jeu de références que par un respect de la lettre des contre-cultures préexistantes, et toujours existantes, comme le surréalisme (contrairement aux autres mouvements d'avant garde comme le futurisme, par exemple, disparu corps et bien dans le stalinisme russe et le fascisme italien). Si Breton est mort en 1966 et le mouvement officiel dissous par une partie de ses membres en 1969, d'autres continuent d'agir avec le *Bulletin de liaison surréaliste* dès novembre 1970, autour de Vincent Bounoure et du Groupe de Paris du mouvement surréaliste, et aujourd'hui encore.[134]

On voit donc que, pour la première fois, un mouvement artistique, le surréalisme, s'est construit, de manière distanciée, sur le modèle de l'avant-garde politique, avec des structures internationales (groupes, expositions, revues...), non pour un coup d'État mais un « *coup du monde* » selon la formule de Trocchi, c'est à dire une révolution non strictement politique mais véritablement culturelle, rien à voir avec l'autre, idéologique. C'est pourquoi il reste à tous les points de vue, la

---

133 Cohn N., *A Wopbopaloobop Alopbamboom*, Allia 1999, p.155.

134 Voir leur site : surréalisme.ovaton.org.

référence de la *nouvelle culture*, même pour ceux qui veulent le dépasser, comme les existentialistes, les beatniks et les situationnistes par exemple.

Pour *Actuel*, il s'agit non de déprécier les nouveaux mouvements, mais au contraire de leur donner une filiation contre-culturelle avec les mouvements déjà existants, malgré les slogans tel *du passé faisons table rase !* Titre paradoxal du livre du lettriste Jean Louis Brau qui s'applique, fin 1968, à montrer la généalogie culturelle des mouvements de mai, y compris le surréalisme, le titre comme le slogan ne visant que les cultures dominantes bien sûr. Pour ceux qui ne l'auraient pas compris.

L'existentialisme.

La fertilisation européenne du sol américain de l'après guerre le préparait aussi à recevoir par la suite les grands intellectuels et artistes européens, du moins avant la guerre froide, comme ce fut le cas pour Jean Paul Sartre dont les grandes lignes de la pensée allaient contaminer l'intelligentsia de ce pays. Tout tient en quelques mots : *liberté, projet, engagement, responsabilité, amour libre, jazz, nuit...* qui sont bien déjà pour la plupart des thèmes que les surréalistes ont développés de façon plus esthétique et moins directement philosophique, moins accessible parfois.
La seconde conséquence essentielle de la guerre, c'est l'apparition d'une nouvelle population née en masse au milieu des années quarante et qui va terminer son adolescence au début des années soixante, devenant pour le marché capitaliste un groupe social à part entière dont il faut développer les désirs d'émancipation pour les transformer en besoins marchands. Toute une génération née de parents absents, pères à l'armée, mères au travail, doit se construire par elle même, si elle n'a pas été formatée par le paternalisme éducatif de l'État
L'un des phénomènes intellectuels de l'après guerre accompagnant ce baby boom, c'est entre autre l'existentialisme.

Par sa capacité à être à la fois un mouvement de pensée indispensable à la liberté retrouvée, et un véritable phénomène de mode irriguant l'ensemble des courants artistiques et politiques des deux décennies suivantes, relayé par les nouveaux médias en plein développement (radio, livre de poche, presse magazine, disque, cinéma, télévision...) il offre un certain nombre de règles de vie que tout un chacun peut s'approprier sans avoir à faire de longues études.

Dès janvier 1945, Sartre fait parti du groupe de huit journalistes invités à parler de l'effort de guerre américain. Il y rencontre les exilés européens et écrit des articles pour *Combat* et *le Figaro*, mais évite les réceptions officielles, découvrant les clubs de jazz et le vrai visage de la ségrégation et du racisme.
Un an plus tard, il est de retour pour donner une conférence adaptée de *l'Existentialisme est un humanisme*. D'abord à Yale puis à Harvard, Princeton, Columbia, Toronto, Ottawa, Montréal et enfin Carnegie Hall, devant un public plus large. Sartre rencontre les intellectuels européens et américains radicaux. Et il installe une antenne des *Temps Modernes* chez son amie Dolores Vanetti. En 1948, un numéro entier de la revue des *Yale French Studies* est dédié à l'existentialisme.
En fait d'engagement, Sartre va, au cours des décennies suivantes, se mobiliser de plus en plus contre le colonialisme et l'impérialisme, ce qui l'amène à présider le tribunal Russel en 1966 contre les crimes américains au Vietnam. Cette dimension radicalement engagée de l'existentialisme toujours sur la brèche ne pouvait que rencontrer, même de manière diffuse, la nouvelle culture qui se construit aux USA et ailleurs contre tous les impérialismes et tous les racismes.

Si le numéro double d'*Actuel nova press* consacré à *la nouvelle culture* ne donne pas d'extrait de Sartre, il le cite comme préfacier de Paul Nizan et comme modèle du philosophe américain Paul Goodman.

Quant à Boris Vian, figure plus éphémère de l'existentialisme proche du surréalisme, son style, son rapport à la musique vivante, sa défense du *bebop*, ses chansons populaires dont le fameux *Déserteur*, ont beaucoup contribué à l'évolution culturelle du demi siècle français d'après guerre. Devenu satrape de 'Pataphysique, la fameuse science des solutions imaginaires, sans pour autant prendre ses distances avec le jazz, le polar, la science fiction dont il assume entièrement la dimension populaire, c'est en pataphysicien qu'il va essayer, par l'absurde, de sauver le jazz de la perte de ses plus jeunes auditeurs en confectionnant deux disques de rock, l'un avec Henri Salvador (Henri Cording) et l'autre avec Magali Noël. Deux parodies destinées à démontrer la pauvreté littéraire et musicale de ce nouveau genre, qu'il va quand même contribuer par son humour ravageur, à introduire en France, dès 1956.

Le compositeur, batteur et chanteur Robert Wyatt revendiqua cette filiation pour son groupe Soft Machine. Dès le second album, il propose en deux parties une *Pataphysical Introduction* pour l'*orchestre officiel du collège de 'Pataphysique*. Un document confirmant l'appartenance des musiciens à l'ordre de la Grande Gidouille, est visible dans le livret qui accompagne le coffret *Triple Echo* de 1976. Un titre du même second album intitulé *Dada Was Here* résume assez bien la démarche du groupe et sa poésie sonore, qui aurait peut-être amener Boris Vian à revoir son jugement s'il avait pu l'entendre. L'un des dernier opus de Wyatt, *Comicopera,* poursuit cette recherche poétique et musicale tout en restant très engagé politiquement.

Le mouvement *beat.*

Si le mot existentialiste est devenu parfois aux USA synonyme de *beatnik*, ce terme très large désigne en fait cette jeunesse marginale qui n'est pas très différente, une ou deux décennies plus tard, de celle du Paris de l'après guerre.
Quant au mouvement *beat*, comme tout mouvement artistique

d'avant garde, il se veut totalement novateur, même si, d'une certaine façon il est la continuation du surréalisme et de l'existentialisme par d'autres moyens, dans un autre lieu et une autre époque, les années cinquante aux USA.

Très lié au jazz et au zen, il va proposer à la nouvelle génération de *l'American way of life* un autre style de vie moins consumériste et moins respectueux d'un ordre établi qui se veut le gendarme du monde. Cette génération deviendra *beat, hippie* puis *yippie* (youth intenational party : mouvement anti-guerre et anti-raciste aux méthodes militantes non traditionnelles) avant que la nouvelle culture ne redevienne une simple contre-culture marginale.

Au début des années soixante, la dimension provocatrice du rock né un lustre plus tôt, s'est vite affadie dans le show bizz télévisuel. Il faudra donc attendre le renouveau du blues rock anglais, des Beatles devenus adultes, et du folk-rock dylanien pour que cette musique retrouve sa dignité.

Après le jazz des années cinquante, le folk mâtiné de blues et d'une longue tradition syndicaliste (Joe Hill, Woody Guthrie) et protestataire (Pete Seeger), durant la lutte pour les droits civiques des années soixante, va offrir aux jeunes étudiants cette dimension musicale et poétique en accord avec leurs lectures, leurs révoltes et leurs engagements.

Allen Ginsberg sera d'ailleurs l'ami et le mentor de Bob Dylan, celui qui regarde le chanteur faire défiler les paroles de sa chanson sur des pancartes manuscrites dans le scopitone célèbre *Subterranean Homesick Blues*, la chanson poème qui cristallise en elle toute la nouvelle contre culture pop définie plus haut : radicalité, folk, rock, poésie, blues, underground, ironie, désenchantement, engagement...

Les activistes radicaux, les Weathermen, pratiquant la « propagande armée » adoptèrent leur nom du texte dylanien qui affirme que *nous n'avons pas besoin de météorologistes pour savoir d'où vient le vent*.

Mais le rock nouveau et adulte se réclame aussi de l'esprit *beat*.

Le Rolling Stones Brian Jones s'était lié au Maroc, peu avant sa mort, avec le poète Brion Gesin. Qui lui fit découvrir la musique marocaine.

William Burroughs, l'un des inventeur du *cut-up* avec Gesin, a lui même participé à de nombreux enregistrements de groupes rock.

Les *cut-up* inspirèrent de nombreux musiciens, aussi bien pour les textes mais aussi les musiques : *Les montages sonores de Burroughs donnèrent à Paul l'idée d'introduire de nouveaux éléments dans la musique des Beatles : extraits d'émissions radio, cris d'animaux et autres collages qui surgirent plus tard tout au long de la période Sergent Pepper.* Selon Miles Barry, son biographe.[135]

Le numéro d'*Actuel* consacré à la *nouvelle culture* contient bien sûr un grand nombre de textes des auteurs plus ou moins liés à ce mouvement comme Allen Ginsberg (*Owl* et un entretien), Alan Watts (*l'extase*), Gary Snider (*demain, la tribu*) mais aussi Paul Goodman, *un peu le Sartre américain*, (*les communautés en 1984*), un entretien avec Abbie Hoffmann, le chef de file des Yippies (dont Ginsberg faisait parti) et une lettre des Weathermen. *Actuel*, comme *Libération*, étaient tous deux membres au début des années soixante-dix de l'Underground Press Syndicate permettant aux journaux associés du monde entier d'échanger articles, textes, dessins, photos... sans aucun droit.

La culture rock de ce début de décennie semble bien alors devenue une nouvelle culture qui dépasse le seul domaine musical et inclut tous les autres (la liste des films, des romans, des recueils de poèmes, des essais en tous genres serait interminable). Mais l'accès d'une contre-culture au statut de culture, nouvelle ou pas, son institutionnalisation, sa récupération même par le marché qui ne demande pas mieux pour se démultiplier, ne peut que provoquer la réaction et le déclin, puisqu'aucune révolution politique et sociale n'est venue confirmer cette révolution culturelle.

---

[135] *Paul, les Beatles, les sixties et moi,* Flammarion 2004, cité par Roulleau Denis, *Dictionnaire raisonné de la littérature Rock,* Scali, 2008.

Le situationnisme.

La culture rock est bien sûr d'abord une culture marchande (concerts, disques, radios, magazines). Le pop art va permettre la première rencontre décomplexée entre ces deux dimensions culturelles contradictoires : la contre culture et le marché, et l'effacement progressif de la nouvelle culture.
Critique simplement esthétique par la mise en valeur des objets ou des stars objectivées, sans vraie dimension politique pour cette tribu mondaine se voulant à la pointe de la mode, la *Factory* d'Andy Wharol va donner à tout un chacun la possibilité de devenir une superstar. Ce laboratoire ne prendra sa vraie dimension musicale qu'une fois les espoirs révolutionnaires oubliés, à travers les thématiques pessimistes de Lou Reed qui verront quelques années plus tard la naissance du punk au milieu des *seventies*. Un club musical, associé à une maison de disque prendra d'ailleurs le nom de *Factory* à Manchester en 1978.
La deuxième étape de cet effacement de la nouvelle culture se fera justement autour de la révolte punk.

Pop art, néo-dada ? C'est surtout le situationnisme qui semble expliquer cette période comme l'indique le sous-titre du livre de Greil Marcus intitulé *Lipstick Traces : une histoire secrète du 20e siècle,* que Michel Lancelot, l'animateur de *Campus* sur Europe 1 de 1968 à 1972, avait déjà commencé à décrypter en suivant les mêmes pistes, dès 1974, dans *Le jeune lion dort avec ses dents, génies et faussaires de la contre culture.*
Pour Marcus, le mystère sexpistolier s'explique principalement par le situationnisme dont il décrit l'histoire en détail, en parallèle à celle du punk, ou de Dada entre autres, dans ce livre touffus et labyrinthique, mais sans jamais vraiment les croiser et surtout sans nous permettre de conclure s'il s'agit bien d'une révolution culturelle ou simplement du dernier soubresaut ambigu de la « *nouvelle culture* » avant sa récupération définitive, par la société du spectacle justement.

Si l'on revient aux faits, le livre de Christophe Bourseiller, *Génération Chaos, Punk, New Wawe 1975-1981*, permet de faire le point sur la question puisque l'auteur connaît bien ce double sujet.

Selon lui, en 1966, Malcolm Mc Laren est un jeune artiste d'avant garde inspiré par Fluxus, le néo-dada et le pop art, alors que déjà son futur complice Jamie Reid fréquente le situationnisme dissident londonien (que rejoint Mac Laren en 1968) et dont il mettra en page le fanzine *King Mob* qui tente *de concilier la culture pop et l'engagement révolutionnaire*, vite, disparu et sans grande perte sur le plan théorique, selon l'auteur qui ajoute : *Mais King Mob invente un certain nombre de pratiques. Il puise dans Fluxus, dans le pop art et les situationnistes, un goût du détournement, un amour de la dérision, et l'art d'utiliser les médias.*[136]

Ce que fera en 1974 et 1975 la nouvelle boutique SEX de Mc Laren et Vivienne Westwood, quand une vendeuse ingénieuse bricole la future panoplie punk, et qu'un groupe de pub rock squattant le lieu y découvre son futur chanteur. Les Sex Pistols sont nés. Imposés sur le mode du « spectacle » par le maître des lieux, ils *incarnent tout à la fois une avant-garde artistique et un produit commercial*[137].

Ce que ne veut pas voir Greil Marcus, même dans les meilleures pages de son livre sur le sujet, à la fin, quand il analyse l'échec du punk :

> " Les désirs traditionnels dont le rock 'n' roll était porteur, faire du bruit, aller de l'avant [...] étaient transformés en désir conscient de faire sa propre histoire, ou d'abolir l'histoire déjà faîte pour vous. Les situationnistes faisaient le pari qu'un tel sauf-conduit pousserait les gens à quitter le marché, mais les choses ne se sont pas passées ainsi – à la place, les gens s'enfoncèrent encore plus dans le marché, on obtint le résultat inverse.[...] Étant demeuré toujours à l'intérieur du milieu pop, l'usine à symboles, le punk n'était que de l'art – et ainsi, en tant que langage, pensée ou action, il fut avalé par les chefs qui

---

136 Bourseiller Ch., *Génération Chaos, Punk, New Wawe 1975-1981,* Denoel 2008, p.38.
137 Bourseiller Ch., *ibid.*, p.69.

avaient lancé le jeu."[138]

On pourrait, dans la dernière phrase remplacer les mots *art* et *jeu* par *produit* et *mode* pour obtenir cette autre lecture possible : *le punk n'était qu'*un produit *— et ainsi, en tant que langage, pensée ou action, il fut avalé par les chefs qui avaient lancé* la mode.

Le 27 mai 1977, le 45 tours *God Save the Queen* parait avec une pochette collage réalisée par Jamie Reid, *le seul véritable connaisseur de la théorie situationniste* [et] *seul responsable de la communication visuelle des Ses Pistols*[139]. La provocation est totalement réussie puisque les ouvriers refusent de presser le disque et l'imprimeur hésite aussi ! Seule une radio le fait passer. Mais la contre-publicité fonctionne à merveille, et ce sont les Sex Pistols qui remontent la tamise à la place de la Reine le jour de son jubilé. Détournement spectaculaire oblige !

En 1978 sort le film de Julien Temple *The Great Rock 'N'Roll Swundle* :

"Mc Laren se met en scène comme le seul et unique leader des Sex Pistols. De toute manière, le groupe n'a jamais existé . Il ne s'agit que d'un produit marketing, car il ne saurait y avoir en ce monde que des révoltes formatées. Il s'agit véritablement de « rendre la honte encore plus honteuse en la livrant à la publicité », selon la formule de Guy Debord et Mustapha Khayati."[140]

conclut le chroniqueur sur cette aventure qui se finit mal, dans la mort et l'autodestruction.

Ce qui n'est pas vraiment l'avis de Johnny Rotten lui même en 1994 :

"J'emmerde les situationnistes, tout ça n'était que du comique de situation. ; Tous les discours au sujet des situationnistes

---

138 Marcus G., *Lipstick Traces : Une histoire secrète du vingtième siècle,* « Folio-Actuel » Gallimard 2000, p. 539-540.
139 Bourseiller Ch., *op.cit.*, p.121.
140 Bourseiller Ch., *ibid.,* p.176.

français associés aux punks sont des conneries. C'est absurde ! […] Oubliez ça ! Il n'y a pas de conspiration directrice, où que ce soit. Tout n'est qu'une sorte de chaos, vaguement organisé."[141]

Laurent Chollet dans *l'Insurrection Situationniste* consacre quelques paragraphes et quelques images au « *no future* » des punks, aux Sex Pilstols, à Mc Laren, mais surtout à Jamie Reid. Il conclue quand même son passage musical, à propos de la marque *Factory Record* liée au club musical du même nom de Manchester créé en 1978 en constatant que *derrière la volonté de faire passer le message pointe, à peine masquée, le plaisir de brasser des affaires*[142]. Et ce au sein d'un chapitre, *Échappement libre*, qui s'attarde plus loin sur la récupération des prophéties situationnistes, par une certaine ultra gauche négationniste ou par la nouvelle (extrême) droite (une sous culture idéologique destinée à recycler et rénover les vieilles doctrines racistes et élitistes). Ou comment le situationnisme a généré sa propre récupération !

Ce coup de génie publicitaire a donné naissance à tout un mouvement qui va prendre plusieurs directions musicales : new wave, cold wave, no wave en parallèle à l'émergence du gothique, du grunge, de l'electro au cours de la décennie suivante.
Pendant que dans les ghettos noirs américains s'invente, en même temps, le rap, une autre forme de contre-culture, née d'influences plus africaines et populaires a priori.

Quant au caractère politique et contre culturel proprement dit, c'est du côté du deuxième groupe phare du mouvement, Clash, qu'il faut chercher.
L'ambiguïté du titre de leur chanson *White Riot* (émeute blanche), que les étudiants de Coventry qualifient de "fasciste", va les rapprocher de l'extrême gauche trotskyste

---

141 Roulleau D. *op. cit.* p. 373.
142 Chollet L., *L'insurreection situationniste* Dagorno 2000, p. 302.

anglaise et de *Rock Against Racism* pour bien se démarquer des Sex Pistols et de leurs oripeaux : *des anarchistes d'extrême droite [qui]rapiècent leurs vêtements troués avec des insignes nazis et des portraits de Marx ; c'est un jeu avec les signes, mais qui choque tout le monde, c'est bien de choquer*[143], écrivait l'inénarrable Alain Pacadis dans *Libération* lors de leur révélation médiatique.

Joe Strummer, le chanteur des Clash, affirme, cité par Bourseiller : *Nous sommes antifascistes, antiracistes et non violents. Nous cherchons à éduquer les mômes qui viennent à nos concerts et les empêcher de s'inscrire au National Front si la situation politique empirait.*[144]

Pourtant cela ne permettra pas vraiment de démêler les pistes bien trop embrouillées par le détournement spectaculaire et provocateur initié par le trust pseudo-situ Mc Laren and co.

En Angleterre, malgré le concert contre le nazisme initié par Clash et quelques autres en avril 1978, le mouvement punk, devenu skin, n'arrive toujours pas à faire le tri même en se coloriant de rouge. Il attire de plus en plus de spectateurs néo-nazis incontrôlés et pas seulement prolétaires.

Presse et nouvelle culture.

Il faut ré-insister, en France ou ailleurs, sur le rôle de la presse rock (*Rock & Folk, Best*), et des multiples fanzines ronéotés. Sans oublier les émissions de radio qui faisaient cohabiter musique et culture vivante, dès 1968, comme le J*ournal musical d'un écrivain* de Max Pol Fouchet sur RTL, *Campus* de Michel Lancelot sur Europe 1, Le *Pop Club* de José Arthur ou *Pas de panique* de Claude Villers sur France Inter, bien avant les radios libres.

Le rôle de la free press (*Actuel, Libération*... en France) a été essentiel, en dépassant les différents domaines culturels et en les fédérant au delà des frontières nationales et linguistiques.

---

143 Cité par Bourseiller Ch., *op. cit.*, p. 82.
144 Cité par Bourseiller Ch., *ibid.*, p.130.

En conséquence, leur évolution ou leur disparition (celle d'*Actuel nova press* en 1975) est capitale sur l'évolution ou le dépérissement de la culture nouvelle. Quand *Actuel* reparaît en 1979, les ambitions ne sont plus les mêmes : *sortir de la marginalité [et devenir] la bible des "branchés"*[145].

London Calling, des Clash, à quelques accords et un riff près, deviendra *Bob Morane,* d'Indochine, miroir déformé des « aventuriers » noctambules et chics du Palace et des Bains Douches parisiens, comme Alain Pacadis plébiscitant à travers *Libération* (devenu depuis 1975 le remplaçant d'*Actuel* en France comme vecteur de la « contre-culture ») un mouvement post-punk novö, disco et mondain, pour la décennie à venir.
Exit donc la *nouvelle culture* ! Retour à l'apparence et à la sous-culture branchée.

1981 est à bien des égards une date clé. Particulièrement parce qu'elle marque la naissance de la chaîne de télévision MTV où la musique est considérée comme un simple vidéo-clip destiné à faire vendre. Les Yuppies et autres golden boys vont pouvoir effacer les derniers soubresauts de ce qu'il y avait de contre-culturel dans le mouvement punk, et son ambivalence même.
Le spectaculaire a gagné, malgré les efforts des radios libérées pour faire entendre les derniers échos de ce qui n'est pas advenu.

De la *nouvelle culture* ne persistent que des produits, images, musiques, rituels... sous culturels que le marché récupère et recycle régulièrement depuis, pour son plus grand profit.
Le dépassement du situationnisme annoncé par Guy Debord dans le dernier numéro de *l'Internationale situationniste* en 1969 a fait long feu parce que la honte ne peut pas avoir honte d'elle même quand le ridicule ne tue plus depuis longtemps.
Le brouillage des repères qui voulait dépasser l'art dans la vie quotidienne, par le détournement même, a permis, par exemple, à une marque de grande distribution parmi d'autres, autour du

---

[145] Roulleau D., *op.cit.,* p.19.

quarantenaire de mai 68, d'en détourner les slogans et les affiches pour le seul bénéfice du marché dans la grande tradition inventée par ce même situationnisme, cinquante ans auparavant.

No future! clamaient les punks. « *Vive la crise!* » concluait *Libération* dans son supplément hors série au numéro 860 de février 1984 sous la plume de Serge July et Laurent Joffrin : *La vie est ailleurs, elle sourd de la crise, par l'entreprise, par l'initiative, par la communication* .

Tout était dit, ou presque...

Bibliographie sélective

Actuel nova presse mensuel 1970-1975
Attali J., *Bruits - essai sur l'économie politique de la musique*, PUF 1977.
Bedouin J.L., *André Breton*, Seghers 1950.
Breton A. et Soupault Ph., *Les Champs magnétiques*, Poésies Gallimard 1971.
Bourseiller Ch., *Génération Chaos, Punk, New Wawe 1975-1981*, Denoel 2008.
Calamel Ch., *Le jazz : modèle pour apprendre*, L'Harmattan 2012.
Chastagner Cl., *La loi du rock* Climats 1998.
Chollet L., *L'insurreection situationniste* Dagorno 2000.
Cohn N., *A Wopbopaloobop Alopbamboom*, Allia 1999.
Deuleuze G., *Le pli, Leibniz et le baroque*, Minuit 1988.
Deleuze G., Guattari F., *Mille Plateaux*, Minuit 1980.
Dillaz S,. *La chanson française de contestation*, Seghers 1973.
Dommanget M. *De la Marseillaise à l'Internationale* Librairie populaire 1938.
Dorst J., *Les oiseaux ne sont pas tombés du ciel*, Ed. De Monza 2001.
Dumouchel P., dans *René Girard et la logique de l'économie*, Seuil 1979.
Dylan B., *Chroniques*, Fayard 2005.
Eksteins M., *Le Sacre du printemps,* Plon 1991.
Enge T.O., *L'architecture des jardins en Europe,* Taschen 1990.
Girard R., *L'origine de la culture*, DDB 2004.
Goléa A., *Rencontres avec O. Messiaen*, Slaktine 1984.
Gomplowicz Ph. *Les travaux d'Orphée* Aubier 1987.
Guéhenno J. *Jean-Jacques*, Gallimard 1962.
Guthrie W., *En route vers la gloire*, Albin Michel 2012.
Hodeir A. *Hommes et problèmes du jazz,* Parenthèses 1981.
Hodeir A., *La musique étrangère contemporaine*, Que sais-je? 1954.
Hodeir A., *Les mondes du jazz*, Rouge Profond/Birdland 2004.

Jalard M.Cl., *Le jazz est-il encore possible?*, Parenthèses 1986.
Jankélévitch V., *La musique et l'ineffable*, Seuil 1983.
Legrand G., *Puissances du jazz*, Arcanes 1953.
Kintzler C., *Rameau et la fin de l'esthétique classique*, Ed. du Sycomore 1983.
La Révolution Surréaliste 1924-1925, réédition JM Place 1975.
Le sacre du printemps Dossier de presse, Editions Minkoff 1980
Leterrier S.A.*Musique populaire et musique savante au XIXe siècle*, Revue d'histoire du XIXe, 19/1999.
Lucrèce, *De la nature*, GF Flammmarion 1964, p.177.
Maîtres et protecteurs de la nature, Champ-Vallon 1991.
Marcus G., *La république invisible - Bob Dylan et l'Amérique clandestine*, Denoel 2000.
Marcus G., *Lipstick Traces : Une histoire secrète du vingtième siècle*, « Folio-Actuel » Gallimard 2000.
Mely, *Rousseau, un intellectuel en rupture*, Minerve 1982.
Platon, *La République*, Garnier Flammarion 1966.
Quignard P., *La haine de la musique*, Calmann-Lévy 1996.
Ricoeur P., *Soi-même comme un autre*, Seuil 1990.
Rosemont Franklin, *Joe Hill, l'I.W.W. et la formation d'un Contre-culture de la Classe Ouvrière* Éditions libertaires 2008.
Rousseau J.J., *Dictionnaire de musique*, Actes Sud 2008.
Rousseau J.J., *Discours sur l'origine et les fondements de l'inégalité parmi les hommes*, GF 2008.
Rousseau J.J., *Emile ou de l'éducation*, Firmin Didot 1889.
Rousseau J.J., *Essai sur l'origine des langues/Lettre sur la musique française/Ecrits sur la musique*, Stock 1979.
Rousseau J.J., *La Nouvelle Héloïse*, Garnier frères 1935.
Rousseau J.J., *Les Confessions*, Folio 1973.
Roulleau D.,, *Dictionnaire raisonné de la littérature Rock*, Scali, 2008.
Roy Cl., *La poésie populaire*, Seghers 1954.
Starobinski J., *La transparence et l'obstacle*, Gallimard Tel 1971.
Stiegler B., *Aimer, s'aimer, nous aimer*, Galilée 2003.
Varenne J.M., *Les poètes du Rock*, Seghers 1975.

Discographie sélective.

Rousseau J.J., *Le devin du*, EMI 2002 ou CPO 2007.
Rousseau J.J., *Consolations des misères de ma vie*, Ensemble Alba Quantum 2012.
Corrette M., *Concerts et concertos comiques*, Ensemble Stradivaria Adès 1996.
Gluck Ch.W., *Orphée et Eurydice*, Universal 2010.
O'Carolan, *Carolan's harp*, BMG 1996.
Sélune, *Manuscrit de Bayeux*, Pluriel 1994.

Ogeret M., *Autour de la Commune*, Chants du Monde 1994.
Mamie Smith, *Complete Recorded works* vol.1, Document 1995.
Armstrong L.(avec Bessie Smith), *Louis Armstrong*, Vol.5 Master of Jazz 2000.
Ellington D., *The centennial collection*, Sony 2004.
Monk Th,. *Thelonious Monk*, Harmonia mundi 2007.
Hodeir A., *Jazz et Jazz*,1960.
Coltrane J., *Live at The Village Vanguard*, 1961.
Dolphy E.,*Out to Lunch*, 1964.
Rollins S., *The Freedom Suite*, Riverside 1987.
MJQ, *The Modern Jazz Quartet, Anthologie Cabu* BD Jazz 2007.
Jarrett K., *The Köln Concert*, 1975.
Davis M., *Live around the world*, Wea 1996.

Presley E., *The Sun sessions*, BMG 1987.
Dylan B., *The Essential*, Sony 2001.
Hendrix J., *Electric Ladyland*, 1968.
The Doors, *The Doors,* 1967.
The Beatles, *Sgt Pepper's,* 1967.
The Who, *Tommy,* 1969.
Soft Machine, *Third,* 1970.
Pink Floyd, *The Wall,* 1979.
Zappa F. et Ponty, J.L., *King Kong,*1969

Henry P. et Spooky Tooth, *Ceremony,* 1969.
Magma, *Mechanïk Destrüktiv Kommandöh,* 1973.
Univers Zéro, *Ceux Du Dehors,* 1981.

Calmel O., *Empreintes,* 2007.
Tortiller Fr., *Janis The Pearl,* 2012.
Collignon M., *A la recherche du roi frippé,* 2012.
Ngûyen Lê, *Celebrating Dark Side Of The Moon,* 2014.
The Bad Plus, *The Rite of Spring,* 2014.

TABLE DES MATIERES

Prélude : La musique de la vie.......................... 7
Fugue : La musique des oiseaux...................... 10

Chapitre 1 : Rousseau, le concept de mélodie 17
   Du rousseauisme naïf............................. 18
   De la musique et de l'harmonie..................... 20
   De la musique et de la mélodie.................... 24
   De la nature paradoxale des choses.............. 29
   De l'art paradoxal du jardin........................ 35
   De la [dé]nature de l'humain...................... 38
   Les principes de la mélodie : acclimatation, imagination, éducation et improvisation........ 42
   L'exemple du blues.................................... 44
Entretien sur la musique avec Jean Jacques Rousseau.. 51

Chapitre 2 : Chanson sociale, chanson de lutte et culture populaire..................................... 71
   La tradition populaire................................. 71
   Chanson et vaudeville................................ 73
   La Révolution française............................. 74
   Tavernes et goguettes................................75
   Orphéons et chorales ouvrières................... 77
   Fanfares et harmonies............................... 79
   Chansons de lutte..................................... 80

Chapitre 3 : La haine de la musique, « n'importe quelle musique » ? 85
    Entendre et obéir 85
    Platon : l'harmonie contre la mélodie 86
    Rousseau : la mélodie avant l'harmonie 88
    Improvisation et imagination mélodique 91
    Les deux « côtés » de la musique 95

Interlude : Improvisation et composition selon André Hodeir 97

Chapitre 4 : Musique, sacrifice, contre-culture et culture de masse 103
    Bruit, musique, rock et sacrifice 103
    Guerre froide et mécanismes rituels 105
    D'une contre-culture à l'autre 109
    Perfectibilité, improvisation mélodique et individuation 112
    Le disque, entre modernité marchande et diffusion orale 117
    Contre-cultures et culture de masse 120
    Écoute publique et écoute privée 123

Interlude : Le scandale du *Sacre* en 1913   128
    La montée totale, panique, de la sève universelle 129
    Igor Stravinsky et les musiques populaires. 131

Chapitre 5 : L'utopie musicale des années soixante.. 133
    Contre culture et nouvelle culture.............. 133
    La filiation surréaliste................................ 136
    L'existentialisme.. 144
    Le mouvement *beat*................................... 146
    Le situationnisme....................................... 149
    Presse et nouvelle culture.......................... 153

Bibliographie sélective... 157

Discographie sélective... 159

L'HARMATTAN ITALIA
Via Degli Artisti 15; 10124 Torino

L'HARMATTAN HONGRIE
Könyvesbolt ; Kossuth L. u. 14-16
1053 Budapest

L'HARMATTAN KINSHASA
185, avenue Nyangwe
Commune de Lingwala
Kinshasa, R.D. Congo
(00243) 998697603 ou (00243) 999229662

L'HARMATTAN CONGO
67, av. E. P. Lumumba
Bât. – Congo Pharmacie (Bib. Nat.)
BP2874 Brazzaville
harmattan.congo@yahoo.fr

L'HARMATTAN GUINÉE
Almamya Rue KA 028, en face
du restaurant Le Cèdre
OKB agency BP 3470 Conakry
(00224) 657 20 85 08 / 664 28 91 96
harmattanguinee@yahoo.fr

L'HARMATTAN MALI
Rue 73, Porte 536, Niamakoro,
Cité Unicef, Bamako
Tél. 00 (223) 20205724 / +(223) 76378082
poudiougopaul@yahoo.fr
pp.harmattan@gmail.com

L'HARMATTAN CAMEROUN
BP 11486
Face à la SNI, immeuble Don Bosco
Yaoundé
(00237) 99 76 61 66
harmattancam@yahoo.fr

L'HARMATTAN CÔTE D'IVOIRE
Résidence Karl / cité des arts
Abidjan-Cocody 03 BP 1588 Abidjan 03
(00225) 05 77 87 31
etien_nda@yahoo.fr

L'HARMATTAN BURKINA
Penou Achille Some
Ouagadougou
(+226) 70 26 88 27

L'HARMATTAN SÉNÉGAL
10 VDN en face Mermoz, après le pont de Fann
BP 45034 Dakar Fann
33 825 98 58 / 33 860 9858
senharmattan@gmail.com / senlibraire@gmail.com
www.harmattansenegal.com

L'HARMATTAN BÉNIN
ISOR-BENIN
01 BP 359 COTONOU-RP
Quartier Gbèdjromèdé,
Rue Agbélenco, Lot 1247 I
Tél : 00 229 21 32 53 79
christian_dablaka123@yahoo.fr

650300 - Avril 2016
Achevé d'imprimer par